Eine Einführung in Narcotics Anonymous

überarbeitete Ausgabe

NARCOTICS ANONYMOUS
WORLD SERVICES, INC.
CHATSWORTH, CALIFORNIA

Zwölf Schritte und Zwölf Traditionen mit Änderung
nachgedruckt mit freundlicher Genehmigung
von AA World Services, Inc.

Copyright © 1994 by
Narcotics Anonymous World Services, Inc.
Alle Rechte vorbehalten.

World Service Office
PO Box 9999
Van Nuys, CA 91409 USA
T 818.773.9999
F 818.700.0700
Website: www.na.org

World Service Office–CANADA
Mississauga, Ontario

World Service Office–EUROPE
Brussels, Belgium
T +32/2/646 6012

World Service Office–IRAN
Tehran, Iran
www.na-iran.org

NARSK e.V.
Postfach 11 10 10
D-64225 Darmstadt
www.narcotics-anonymous.de

Printed in USA

Übersetzung von gemeinschaftsgenehmigter
NA-Literatur.

Narcotics Anonymous, (NA), ◇, ⊕, und the NA Way
sind eingetragene Warenzeichen der
Narcotics Anonymous World Services, Incorporated.
ISBN 978-1-55776-344-0   German   3/06
WSO Catalog Item No. GE-1200

Die Kapitel dieses Buches sind Auszüge aus anderen Veröffentlichungen von Narcotics Anonymous World Services, Inc. Sie sind hier vollständig wiedergegeben. Die Titel und die entsprechenden Copyright-Daten sind wie folgt: Das Faltblatt *Bin ich süchtig?* (1994); *Willkommen bei Narcotics Anonymous* (1994); *Für die Neuhinzukommenden* (1994); *Eine andere Sichtweise* (1994, 1999); »Wie es funktioniert«, Kapitel Vier des Buches *Narcotics Anonymous* (1993); *Selbstannahme* (1994, 1999); *Sponsorschaft, überarbeitete Ausgabe* (1994, 2005); *Eine persönliche Erfahrung mit Annahme, Glauben und Verpflichtung* (ehem. *Die Erfahrung eines Süchtigen mit Annahme, Glauben und Verpflichtung* (1994, 1999); *Nur für heute* (1994); *Draußen clean bleiben* (1994); *Genesung und Rückfall*, separat als Faltblatt veröffentlicht (1994); dieser Text ist auch vollständig enthalten sowohl in dem kleinen weißen Büchlein (1994) und in dem Buch *Narcotics Anonymous* (1993).

Inhalt

Bin ich süchtig? 1

Willkommen bei
Narcotics Anonymous 11

Für die Neuhinzukommenden 18

Eine andere Sichtweise 25

Wie es funktioniert 33

Selbstannahme 124

Sponsorschaft, überarbeitete Ausgabe 130

Eine persönliche Erfahrung 141

Nur für heute 148

Draußen clean bleiben 153

Genesung und Rückfall 163

Bin ich süchtig?

Nur Du kannst diese Frage beantworten.

Dies ist möglicherweise keine leichte Sache. Während unserer Zeit des Drogennehmens haben wir uns gesagt: »Ich hab das schon im Griff.« Auch wenn das am Anfang zutraf, ist es jetzt nicht der Fall. Die Drogen hatten uns im Griff. Wir brauchten sie zum Leben und wir lebten, um sie zu gebrauchen. Einfach ausgedrückt, süchtig ist eine Person, deren Leben von Drogen beherrscht wird.

Vielleicht kannst Du zugeben, daß Du ein Problem mit Drogen hast, aber Du hältst Dich nicht für süchtig. Wir haben alle vorgefaßte Ansichten darüber, was Süchtige sind. Es ist nichts Beschämendes dabei, süchtig zu sein, sobald Du mit positiven Taten beginnst. Wenn Du Dich mit unseren Problemen identifizieren kannst, dann kannst Du Dich vielleicht auch mit unserem Lösungsweg identifizieren. Die folgenden Fragen wurden von genesenden Süchtigen in Narcotics Anonymous aufgeschrieben. Wenn Du Zweifel hast, ob Du süchtig bist oder nicht, nimm Dir einen Augenblick Zeit, um die nachfolgenden Fragen zu lesen und sie, so ehrlich Du kannst, zu beantworten.

1. Nimmst Du jemals alleine Drogen? Ja ☐ Nein ☐
2. Hast Du jemals eine Droge durch eine andere ersetzt und dabei gedacht, daß eine bestimmte Droge das Problem sei? Ja ☐ Nein ☐
3. Hast Du jemals einen Arzt manipuliert oder belogen, um verschreibungspflichtige Medikamente zu bekommen? Ja ☐ Nein ☐
4. Hast Du jemals Drogen gestohlen oder gestohlen, um an Drogen zu kommen? Ja ☐ Nein ☐
5. Nimmst Du regelmäßig eine Droge, wenn Du aufwachst oder wenn Du schlafen gehst? Ja ☐ Nein ☐

6. Hast Du jemals eine Droge genommen, um die Wirkungen einer anderen Droge aufzuheben?
   Ja ☐   Nein ☐

7. Vermeidest Du Leute oder Orte, die nicht befürworten, daß Du Drogen nimmst? Ja ☐   Nein ☐

8. Hast Du jemals eine Droge genommen, von der Du nicht wußtest, was es war und wie die Wirkung auf Dich sein würde? Ja ☐   Nein ☐

9. Hat Deine Arbeit oder Deine Schulleistung jemals unter den Auswirkungen Deines Drogengebrauchs gelitten? Ja ☐   Nein ☐

10. Bist Du jemals verhaftet worden, weil Du Drogen genommen hast?
    Ja ☐   Nein ☐

11. Hast Du jemals darüber gelogen, was und wieviel Du nimmst?
    Ja ☐   Nein ☐

12. Gibst Du Deinem Drogenkauf Vorrang vor Deinen finanziellen Verpflichtungen? Ja ☐   Nein ☐

13. Hast Du jemals versucht aufzuhören oder Deinen Drogengebrauch zu kontrollieren?   Ja ☐   Nein ☐

14. Bist Du jemals wegen Deines Drogengebrauchs im Gefängnis, Krankenhaus oder in einem Drogenrehabilitationszentrum gewesen?
Ja ☐   Nein ☐

15. Beeinträchtigt Dein Drogengebrauch Deine Schlaf- und Eßgewohnheiten?
Ja ☐   Nein ☐

16. Versetzt Dich der Gedanke daran, daß Dir die Drogen ausgehen könnten, in Angst und Schrecken?
Ja ☐   Nein ☐

17. Hast Du das Gefühl, daß es unmöglich für Dich ist, ohne Drogen zu leben?   Ja ☐   Nein ☐

18. Zweifelst Du jemals an Deinem Geisteszustand?   Ja ☐   Nein ☐

19. Macht Dein Drogennehmen Dein Leben zu Hause unglücklich?
Ja ☐   Nein ☐

20. Hast Du jemals gedacht, ohne Drogen könntest Du nicht dazugehören oder Spaß haben?   Ja ☐   Nein ☐

21. Hast Du Dich jemals wegen deines Drogengebrauchs gerechtfertigt, schuldig gefühlt oder geschämt?
    Ja ☐   Nein ☐

22. Denkst Du oft an Drogen?
    Ja ☐   Nein ☐

23. Hast Du schon mal irrationale oder unerklärliche Ängste gehabt?
    Ja ☐   Nein ☐

24. Hat das Drogennehmen Deine sexuellen Beziehungen beeinflußt?
    Ja ☐   Nein ☐

25. Hast Du jemals Drogen genommen, für die Du keine Vorliebe hattest?
    Ja ☐   Nein ☐

26. Hast Du jemals wegen emotionalem Schmerz oder Stress Drogen genommen?   Ja ☐   Nein ☐

27. Hast Du jemals eine Überdosis Drogen genommen?   Ja ☐   Nein ☐

28. Machst Du mit dem Drogennehmen weiter, trotz negativer Konsequenzen? Ja ☐ Nein ☐
29. Glaubst Du, daß Du möglicherweise ein Drogenproblem hast? Ja ☐ Nein ☐

»Bin ich süchtig?« – dies ist eine Frage, die nur Du beantworten kannst. Wir fanden heraus, daß wir alle eine unterschiedliche Anzahl dieser Fragen mit »Ja« beantwortet haben. Die tatsächliche Anzahl der Ja-Antworten war nicht so wichtig wie unser inneres Gefühl und wie die Sucht sich auf unser Leben ausgewirkt hatte.

Manche dieser Fragen erwähnen Drogen nicht einmal. Der Grund ist, daß Sucht eine heimtückische Krankheit ist, die alle Bereiche unseres Lebens erfaßt – sogar diejenigen Bereiche, die auf den ersten Blick wenig mit Drogen zu tun haben. Die verschiedenen Drogen, die wir nahmen, waren nicht so wichtig, eher, warum wir sie nahmen, und was sie uns antaten.

Als wir diese Fragen zuerst lasen, war es furchterregend für uns zu erwägen, daß wir Süchtige sein könnten. Manche von uns versuchten, diese Gedanken zu verdrängen, indem sie sagten:

»Ach, diese Fragen ergeben keinen Sinn.«

oder

»Ich bin anders. Ich weiß, daß ich Drogen nehme, aber ich bin nicht süchtig. Ich habe echte Probleme im Gefühlsleben/mit der Familie/auf der Arbeit.«

oder

»Ich habe nur gerade eine schwere Zeit, alles in den Griff zu bekommen.«

oder

»Ich werde schon aufhören können, wenn ich erst den richtigen Menschen finde/den richtigen Job bekomme, usw.!«

Wenn Du süchtig bist, mußt Du erst einmal zugeben, daß Du ein Problem mit Drogen hast, bevor irgendein Fortschritt in Richtung Genesung gemacht werden kann. Wenn Du diese Fragen ehrlich angehst, können sie helfen, Dir vor Augen zu führen, wie infolge Deines Drogennehmens, Dein Leben nicht mehr zu meistern ist. Sucht ist eine Krankheit, die, ohne Genesung, im Gefängnis, in der Anstalt oder im Tod endet. Viele von uns sind zu Narcotics Anonymous gekommen, weil Drogen aufgehört hatten, für uns zu tun, was sie für uns hätten tun müssen. Sucht nimmt uns unseren Stolz, unser Selbstvertrauen, die Familie, geliebte Menschen und sogar den Wunsch zu leben. Du brauchst nicht so weit zu kommen, falls Du diesen Punkt in Deiner Sucht noch nicht erreicht hast. Wir fanden heraus, daß unsere eigene, persönliche Hölle in uns selbst war. Wenn Du Hilfe willst, kannst Du sie in der Gemeinschaft von Narcotics Anonymous finden.

»Wir waren auf der Suche nach einer Antwort und fanden Narcotics Anonymous. Wir kamen geschlagen zu unserem ersten NA Meeting und wußten nicht, was uns erwarten würde. Nachdem wir in einem oder mehreren Meetings gesessen hatten, fingen wir an zu spüren, daß die Leute Anteil nahmen und bereit waren zu helfen. Obwohl unser Kopf sagte, daß wir es niemals schaffen würden, gaben uns die Leute in der Gemeinschaft Hoffnung, indem sie darauf beharrten, daß wir genesen konnten. Wir erkannten, was auch immer wir in der Vergangenheit gedacht und getan hatten, es gibt andere, die genauso gefühlt und gehandelt hatten. Umgeben von anderen Süchtigen stellten wir fest, daß wir nicht mehr allein waren. Genesung ist das, was in unseren Meetings geschieht. Unser Leben steht auf dem Spiel. Wir fanden heraus, daß das Programm funktioniert, wenn wir Genesung an die erste Stelle setzen. Wir wurden mit drei beunruhigenden Erkenntnissen konfrontiert:

1. Wir sind unserer Sucht gegenüber machtlos und können unser Leben nicht meistern;

2. Obwohl wir für unsere Krankheit nicht verantwortlich sind, sind wir verantwortlich für unsere Genesung;

3. Wir können Menschen, Orten oder Dingen nicht länger die Schuld für unsere Sucht geben. Wir müssen uns unseren Problemen und Gefühlen stellen.

Das entscheidende Hilfsmittel für die Genesung sind die genesenden Süchtigen.«[1]

---

[1] aus »Warum sind wir hier?« Buch Eins, *Narcotics Anonymous*, 1993, Van Nuys, CA: Narcotics Anonymous World Services, Inc.

Willkommen bei Narcotics Anonymous

Dieses Pamphlet wurde geschrieben, um einige Deiner Fragen über das Programm von Narcotics Anonymous zu beantworten. Unsere Botschaft ist sehr einfach: Wir haben einen Weg gefunden, zu leben, ohne Drogen zu nehmen. Wir teilen ihn gerne mit allen, für die Drogen ein Problem sind.

Willkommen in Deinem ersten NA-Meeting. NA bietet Süchtigen einen Weg an, ohne Drogen zu leben. Wenn Du nicht sicher bist, ob Du süchtig bist, mach' Dir keine Gedanken darüber; komm einfach weiter in unsere Meetings. Du wirst genug Zeit haben, um selbst zu einer Entscheidung zu kommen.

Wenn Du so bist wie viele von uns, als wir an unserem ersten Meeting teilnahmen, kann es sein, daß Du ziemlich nervös bist und denkst, daß Dich alle anstarren. Falls es so ist, geht es Dir nicht alleine so.

Viele von uns haben sich genauso gefühlt. Es gibt einen Satz, der sagt, »Wenn Du ein komisches Gefühl im Bauch hast, bist Du wahrscheinlich am richtigen Ort«. Wir sagen oft, daß niemand aus Versehen in die Narcotics Anonymous Meetings kommt. Nichtsüchtige Leute verschwenden keine Zeit damit, sich zu fragen, ob sie Süchtige sind. Sie denken nicht einmal daran. Wenn Du Dich fragst, ob Du süchtig bist oder nicht, kann es sein, daß Du's bist. Nimm Dir einfach die Zeit uns zuzuhören, wenn wir miteinander teilen, wie es für uns gewesen ist. Vielleicht wirst Du etwas hören, was Dir bekannt vorkommt. Es ist egal, ob Du die gleichen Drogen, die andere erwähnen, genommen hast oder nicht. Es ist nicht wichtig, welche Drogen Du genommen hast; Du bist hier willkommen, wenn Du aufhören willst zu nehmen. Die meisten Süchtigen empfinden ähnliche Gefühle, und wir helfen uns gegenseitig, indem wir uns auf die Gemeinsamkeiten anstatt auf die Unterschiede konzentrieren.

Es kann sein, daß Du Dich hoffnungslos fühlst und Angst hast. Es kann sein, daß Du denkst, daß dieses Programm nicht funktioniert, wie so vieles, was Du schon versucht hast. Oder es kann sein, daß Du denkst, daß es für andere, und nicht für Dich funktioniert, weil Du das Gefühl hast, daß Du anders bist als wir. Die meisten haben sich so gefühlt, als sie zu NA kamen. Irgendwie wußten wir, daß wir nicht weiter Drogen nehmen konnten, aber wir wußten nicht wie wir aufhören oder clean bleiben sollten. Wir hatten alle Angst, von etwas loszulassen, was so wichtig für uns geworden war. Es ist eine Erleichterung, zu entdecken, daß die einzige Voraussetzung für die Mitgliedschaft bei NA der Wunsch ist, mit Drogen aufzuhören.

Zuerst waren die meisten von uns mißtrauisch und hatten Angst, einen neuen Weg auszuprobieren. Das Einzige dessen wir sicher waren, war, daß der alte Weg überhaupt nicht mehr funktionierte. Sogar nachdem wir clean geworden waren, hat sich nicht alles sofort geändert. Häufig erschienen uns sogar gewöhnliche Aktivitäten, wie Autofahren oder Telefonieren, beängstigend und fremd, als ob aus uns eine Person geworden wäre, die wir nicht wiedererkannten. Hier ist es, wo die Gemeinschaft und die Unterstützung anderer cleaner Süchtiger wirklich hilft, und wir fangen an, uns auf andere zu stützen, um das Gefühl der Sicherheit, das wir so dringend brauchen, zu bekommen.

Du denkst vielleicht schon: »Ja, aber...« oder »Was wenn...?« Auch wenn Du Zweifel hast, kannst Du die einfachen Vorschläge für Anfänger und Anfängerinnen anwenden: Geh' in so viele Meetings wie möglich und sammle eine Liste von NA-Telefonnummern, die Du regelmäßig benutzt, vor allem, wenn das Verlangen nach Drogen groß ist. Die Versuchungen sind nicht auf die Tage und Stunden beschränkt, in denen Meetings stattfinden. Wir sind heute clean, weil wir Hilfe gesucht haben. Was uns geholfen hat, kann auch Dir helfen. Also hab' keine Angst davor, andere genesende Süchtige anzurufen.

Der einzige Weg, der aktiven Sucht nicht erneut zu verfallen, ist die erste Droge nicht zu nehmen. Für Süchtige ist es das Natürlichste auf der Welt, Drogen zu nehmen. Um von allen stimmungs- und bewußtseinsverändernden Drogen abstinent zu bleiben, mußten die meisten von uns drastische körperliche, geistige, gefühlsmäßige und seelische Veränderungen durchleben. Die Zwölf Schritte von NA bieten uns einen Weg an, uns zu ändern. Es heißt: »Du kannst wahrscheinlich clean werden, indem Du einfach in die Meetings kommst. Wenn Du jedoch clean bleiben und Genesung erfahren willst, wirst Du die Zwölf Schritte arbeiten müssen.« Dies ist mehr, als wir alleine schaffen können. In der NA-Gemeinschaft unterstützen wir uns einander bei unseren Bemühungen, eine neue Lebensweise zu lernen und zu üben, die uns gesund und drogenfrei erhält.

In Deinem ersten Meeting wirst Du Leute treffen, die unterschiedlich lange clean sind. Du wirst Dich vielleicht fragen, wie sie eine so lange Zeit clean bleiben konnten. Wenn Du weiter in die NA-Meetings kommst und clean bleibst, wirst Du eines Tages verstehen wie es funktioniert. Es gibt gegenseitigen Respekt und Anteilname zwischen uns cleanen Süchtigen, weil wir alle das Elend der Sucht überwinden mußten. Wir lieben und unterstützen einander in unserer Genesung. Das NA-Programm besteht aus spirituellen Prinzipien, die, wie wir festgestellt haben, uns dabei helfen, clean zu bleiben. Nichts wird von Dir verlangt werden, aber Du wirst viele Vorschläge erhalten. Diese Gemeinschaft gibt uns die Gelegenheit, an Dich weiterzugeben, was wir gefunden haben: Einen Weg clean zu leben. Wir wissen, wir müssen »weitergeben was wir haben, um es zu bewahren.«

So sei willkommen! Wir sind froh, daß Du es hierher geschafft hast und hoffen, daß Du Dich dafür entscheidest, zu bleiben. Es ist wichtig für Dich zu wissen, daß Gott in den NA-Meetings erwähnt wird. Worauf wir uns beziehen, ist eine Macht, größer als wir selbst, die das scheinbar Unmögliche möglich macht. Wir fanden diese Macht hier, in NA, im Programm, in den Meetings und in den Leuten. Dies ist das spirituelle Prinzip, welches sich für uns bewährte, immer einen Tag auf einmal drogenfrei zu leben; und wenn ein Tag zu lang ist, dann fünf Minuten auf einmal. Wir können gemeinsam schaffen, was uns alleine nicht gelang. Wir ermutigen Dich, unsere Kraft und unsere Hoffnung zu benutzen, bis Du selbst etwas Kraft und Hoffnung gefunden hast. Es wird eine Zeit kommen, in der Du vielleicht mit anderen teilen willst, was Dir so großzügig gegeben wurde.

Komm wieder, es funktioniert!

Für die Neuhinzukommenden

NA ist eine gemeinnützige Gemeinschaft von Männern und Frauen, für die Drogen zum Hauptproblem geworden sind. Wir sind Süchtige auf dem Weg der Genesung, die regelmäßig zusammenkommen und sich gegenseitig helfen, clean zu bleiben. Dies ist ein Programm völliger Abstinenz von allen Drogen. Es gibt nur eine einzige Voraussetzung für die Zugehörigkeit: das Verlangen mit Drogen aufzuhören.

Es gibt kein Muß bei NA, aber wir schlagen vor, daß Du wiederkommst und versuchst, nichts zu nehmen. Du brauchst nicht auf eine Überdosis zu warten oder in den Knast zu gehen, um Hilfe von NA zu bekommen. Auch ist Sucht kein hoffnungsloser Zustand, von dem es keine Genesung gibt. Es ist mit Hilfe des Zwölf-Schritte-Programms von Narcotics

Anonymous und der Gemeinschaft der genesenden Süchtigen möglich, das Verlangen Drogen zu nehmen loszuwerden.

Sucht ist eine Krankheit die jede und jeden treffen kann. Einige von uns nahmen Drogen, weil sie daran Spaß hatten, während andere sie gebrauchten, um ihre Gefühle zu unterdrücken. Wieder andere litten an körperlichen oder psychischen Krankheiten und wurden süchtig nach den Medikamenten, die sie gegen die Krankheit verordnet bekamen. Einige von uns schlossen sich einer Clique an und nahmen ein paarmal Drogen, um dazu zu gehören, kamen dann aber nicht mehr davon los.

Viele von uns versuchten, die Sucht zu bezwingen, und hatten auch streckenweise Erfolg, aber gewöhnlich folgte eine tiefere Verstrickung als vorher.

Wie auch immer die Umstände sind, sie sind wirklich unwesentlich. Sucht ist eine fortschreitende Krankheit, wie Diabetes. Wir reagieren allergisch auf Drogen. Das Ende ist immer dasselbe: Gefängnisse,

Anstalten oder Tod. Wenn das Leben nicht mehr zu meistern ist, und Du frei von dem Zwang, Drogen nehmen zu müssen, leben willst: wir haben einen Weg gefunden. Hier sind die Zwölf Schritte von Narcotics Anonymous, die wir täglich benutzen um mit unserer Krankheit klarzukommen:

1. Wir gaben zu, daß wir unserer Sucht gegenüber machtlos waren und unser Leben nicht mehr meistern konnten.

2. Wir kamen zu dem Glauben, daß eine Macht, größer als wir selbst, unsere geistige Gesundheit wiederherstellen kann.

3. Wir trafen eine Entscheidung, unseren Willen und unser Leben der Fürsorge Gottes, *so wie wir Ihn verstanden*, anzuvertrauen.

4. Wir machten eine erforschende und furchtlose moralische Inventur von uns selbst.

5. Wir gestanden Gott, uns selbst und einem anderen Menschen gegenüber die genaue Art unserer Fehler ein.

6. Wir waren vorbehaltlos bereit, alle diese Charakterfehler von Gott beseitigen zu lassen.
7. Demütig baten wir Ihn, uns von diesen Mängeln zu befreien.
8. Wir machten eine Liste aller Personen, denen wir Schaden zugefügt hatten, und wurden bereit, ihn bei allen wiedergutzumachen.
9. Wir machten bei diesen Menschen alles wieder gut, wo immer es möglich war, es sei denn, wir hätten dadurch sie oder andere verletzt.
10. Wir setzten die persönliche Inventur fort, und wenn wir Fehler machten, gaben wir sie sofort zu.
11. Wir suchten durch Gebet und Meditation die bewußte Verbindung zu Gott, *wie wir Ihn verstanden*, zu vertiefen. Wir baten Ihn nur, uns seinen Willen erkennbar werden zu lassen und uns die Kraft zu geben, ihn auszuführen.
12. Nachdem wir als Ergebnis dieser Schritte ein spirituelles Erwachen

erlebt hatten, versuchten wir, diese Botschaft an andere Süchtige weiterzugeben und unser tägliches Leben nach diesen Prinzipien auszurichten.

Die Genesung hört nicht mit dem Cleanwerden auf. Wenn wir keine Drogen nehmen (und ja, das heißt auch kein Alkohol und kein Marijuana), müssen wir uns Gefühlen stellen, mit denen wir bisher nicht umgehen konnten. Wir haben sogar Gefühle, die zu erleben wir in der Vergangenheit nicht fähig waren. Wir müssen bereit werden, uns alten und neuen Gefühlen zu stellen, wie sie kommen.

Wir lernen, Gefühle zu erleben, und stellen fest, daß sie uns nichts anhaben können, solange wir nicht auf sie reagieren. Wenn es ein Gefühl ist, mit dem wir nicht fertig werden, rufen wir lieber ein NA-Mitglied an, statt auf das Gefühl zu reagieren. Indem wir uns mitteilen, lernen wir, damit umzugehen. Es kann gut sein, daß sie eine ähnliche Erfahrung gemacht haben, und können erzählen, was ihnen geholfen hat. Bedenke, eine Süchtige oder ein Süchtiger allein ist in schlechter Gesellschaft.

Die Zwölf Schritte, neue Freunde und Freundinnen, Sponsorinnen und Sponsoren helfen uns, mit diesen Gefühlen klarzukommen. Unsere Freuden werden bei NA durch das Mitteilen der guten Tage vervielfacht, und unsere Leiden werden durch das Mitteilen der schlechten Tage gemildert. Zum ersten Mal in unserem Leben müssen wir etwas nicht allein erleben. Jetzt, da wir die NA-Gruppe haben, sind wir fähig, eine Beziehung zu einer höheren Macht zu entwickeln, die immer bei uns sein kann.

Wir schlagen Dir vor, Dich nach einem Sponsor oder einer Sponsorin umzuschauen, sobald Du Dich mit den Mitgliedern in Deiner Nähe bekannt gemacht hast. Es ist eine Ehre, um die Sponsorschaft für ein neues Mitglied gefragt zu werden, also zögere nicht jemand zu fragen. Sponsorschaft ist eine lohnende Erfahrung für beide, wir sind alle hier, um zu helfen und Hilfe zu bekommen. Wir, die wir genesen, müssen mit Dir teilen, was wir gelernt haben, um weiter in NA wachsen zu können und die Fähigkeit zu bewahren, ohne Drogen auszukommen.

Dieses Programm bietet Hoffnung. Alles, was Du mitbringen mußt, ist der Wunsch, mit Drogen aufzuhören und die Bereitschaft, diese neue Art zu leben auszuprobieren.

Komm zu den Meetings, hör unvoreingenommen zu, stell Fragen und laß Dir Telefonnummern geben und benutze sie. Bleib clean, nur für heute.

Wir möchten Dich auch noch daran erinnern, daß dieses ein anonymes Programm ist und daß Deine Anonymität strengstens bewahrt wird. »Uns interessiert weder, welche oder wieviel Drogen Du genommen hast, wie Du Dir Deine Suchtmittel beschafft hast, was Du in der Vergangenheit getan hast, noch wie viel oder wie wenig Du besitzt. Uns interessiert einzig und allein, wie Du Dein Problem angehen willst und wie wir Dir dabei helfen können.«

Eine andere Sichtweise

Es gibt wahrscheinlich so viele Definitionen von Sucht, wie es Denkweisen gibt. Sie beruhen sowohl auf Forschung als auch auf persönlicher Erfahrung. In den Definitionen, die wir hören, gibt es viele Bereiche mit ehrlichen Meinungsverschiedenheiten, und das überrascht nicht. Einige scheinen auf die Beobachtungen und die bekannten Tatsachen über gewisse Gruppen besser zuzutreffen als auf andere. Wenn wir das als eine Tatsache akzeptieren können, dann sollte vielleicht eine andere Sichtweise untersucht werden in der Hoffnung, daß wir einen Ansatz entdecken, der für alle Süchte grundlegender und zutreffender ist, um unter allen von uns eine Verständigung herzustellen. Wenn wir ein größeres Einvernehmen darüber erlangen können, *was Sucht nicht ist*, dann wird vielleicht das, *was Sucht ist*, mit größerer Klarheit hervortreten.

Vielleicht können wir uns auf einige wesentliche Punkte einigen.

1. Sucht ist nicht Freiheit

Das ganze Wesen unserer Krankheit und ihre beobachteten Symptome laufen auf diese Tatsache hinaus. Wir Süchtige schätzen persönliche Freiheit hoch, vielleicht deshalb, weil wir sie so sehr wollen und so selten erfahren, während unsere Krankheit fortschreitet. Selbst in Zeiten von Abstinenz ist unsere Freiheit beschnitten. Wir sind uns niemals so recht sicher, ob irgendeine Handlung auf dem bewußten Wunsch nach fortschreitender Genesung beruht oder auf einem unbewußten Verlangen, wieder Drogen zu nehmen. Wir trachten danach, Leute und Umstände zu manipulieren und alle unsere Handlungen zu kontrollieren, und zerstören so die Spontaneität, die ein wesentliches Merkmal von Freiheit ist. Wir erkennen nicht, daß das Bedürfnis zu kontrollieren der Angst entspringt, die Kontrolle zu verlieren. Diese Angst, die zum Teil auf früherem Versagen und Enttäuschungen beruht, die wir bei der Lösung der Schwierigkeiten des Lebens erfuhren, hindert uns daran, sinnvolle Entscheidungen zu treffen. Entscheidungen, die, würden wir ihnen entsprechend handeln, uns genau die Angst nehmen würden, die uns blockiert.

2. Sucht ist nicht persönliches Wachstum

Die monotonen, nachahmenden, ritualmäßigen, zwanghaften und besessenen Routinen der aktiven Sucht machen uns unfähig zu aufgeschlossenem oder sinnvollem Denken und Handeln. Persönliches Wachstum ist kreatives Bemühen und sinnvolles Verhalten; es setzt Wahlfreiheit, Wandlung und die Fähigkeit voraus, sich dem Leben zu seinen Bedingungen zu stellen.

3. Sucht ist nicht guter Wille

Sucht isoliert uns von Menschen, Orten und Dingen außerhalb unserer eigenen

Welt, die daraus besteht, zu beschaffen, zu nehmen und Mittel und Wege zu finden, um diesen Ablauf fortzusetzen. Feindselig, grollend, selbstsüchtig und selbstbezogen verlieren wir jegliches nach außen gerichtetes Interesse, während unsere Krankheit fortschreitet. Wir leben gerade jenen Menschen gegenüber in Furcht und Mißtrauen, auf die wir uns wegen unserer Bedürfnisse verlassen müssen. Das betrifft jeden Bereich unseres Lebens, und alles, was uns nicht völlig vertraut ist, wird fremd und gefährlich. Unsere Welt schrumpft zusammen, und das Ende ist Isolation. Das könnte sehr gut das wahre Wesen unserer Verwirrung sein.

Alles, was oben angeführt wurde, könnte zusammengefaßt werden in…

4. Sucht ist keine Lebensweise

Die kranke, selbstsüchtige, selbstzentrierte und abgekapselte Welt eines oder einer Süchtigen kann kaum als Lebensweise bezeichnet werden; bestenfalls ist sie vielleicht eine Art, eine Weile zu überleben.

Sogar in dieser eingeschränkten Existenz ist sie ein Weg der Verzweiflung, der Zerstörung und des Todes.

Jeder Lebensstil, der nach spiritueller Erfüllung strebt, scheint genau das zu fordern, was in der Sucht fehlt: *Freiheit, guter Wille, kreatives Handeln* und *persönliches Wachstum*.

Freiheit macht das Leben zu einem sinnvollen Ablauf mit Veränderung und Fortschritt. Es ist nach vorne gerichtet, mit einer vernünftigen Erwartung auf eine bessere und vielfältigere Verwirklichung unserer Wünsche und einer größeren Erfüllung unseres persönlichen Lebens. Das sind natürlich einige Formen, in denen sich der spirituelle Fortschritt als Ergebnis des täglichen Anwendens der Zwölf Schritte von NA zeigt.

Guter Wille ist eine Handlungsweise, die neben uns selbst auch andere berücksichtigt – eine Verhaltensweise, die andere als ebenso wichtig in ihrem eigenem Leben betrachtet, wie wir selbst es in unserem Leben sind. Es ist schwer zu sagen, ob guter Wille der Schlüssel zu Mitgefühl ist oder umgekehrt. Wenn wir Mitgefühl als die Fähigkeit betrachten, uns selbst verständnisvoll in anderen zu erkennen, ohne unsere eigene Identität zu verlieren, dann erkennen wir eine Verwandtschaft in beidem. Wenn wir uns selbst angenommen haben, wie können wir dann einen anderen Menschen ablehnen? Zuneigung kommt aus dem Erkennen von Gemeinsamkeiten. Intoleranz entsteht aus Unterschieden, die wir nicht annehmen wollen.

Im persönlichen Wachstum benutzen wir sowohl Freiheit als auch guten Willen in Zusammenarbeit mit anderen. Wir erkennen, daß wir nicht alleine leben können, daß persönliches Wachstum auch zwischenmenschliches Wachstum ist. Um ein besseres Gleichgewicht zu finden, untersuchen wir persönliche, gesellschaftliche und spirituelle, wie auch materielle Werte. Reife verlangt offensichtlich diese Art der Abwägung.

In der aktiven Sucht sind Wahnsinn, Anstalten und Tod die einzigen Endstationen. In der Genesung ist durch die Hilfe einer Höheren Macht und die Schritte von NA alles möglich.

Kreatives Handeln ist kein geheimnisvolles Verfahren, obwohl es innere Arbeit ist, unsere verwirrte und zerbrochene Persönlichkeit wieder aufzubauen oder wieder zusammenzusetzen. Oft bedeutet es einfach, auf jene Ahnungen und Intuitionen zu hören, von denen wir denken, daß sie anderen oder uns selbst nützen könnten, und spontan danach zu handeln. Hier kommen viele grundlegende Prinzipien des Handelns zum Vorschein. Wir sind dann in der Lage, Entscheidungen zu treffen, die auf Prinzipien beruhen, die wirklichen Wert für uns selbst haben.

Der Zweck der Zwölf Schritte von Narcotics Anonymous wird klar, wenn wir entdecken, daß Abhängigkeit von einer Höheren Macht, wie jeder und jede von uns sie selbst versteht, uns Selbstachtung und Selbstvertrauen bringt. Wir wissen, daß wir niemandem überlegen oder unterlegen sind. Unser wahrer Wert liegt darin, wir selbst zu sein. Freiheit mit Verantwortung für uns selbst und unser Handeln erweist sich in unserem Leben als vorrangig. Wir erhalten und vergrößern die Freiheit durch tägliches Üben. Das ist kreatives Handeln, das nie endet. Guter Wille ist natürlich der Anfang allen spirituellen Wachstums. Er führt zu Zuneigung und Liebe in allen unseren Taten. Wenn diese drei Ziele – *Freiheit, kreatives Handeln* und *guter Wille* – in die Gemeinschaft als Dienst eingebracht werden, ohne persönliche Belohnung dafür zu erwarten, werden sie Veränderungen mit sich bringen, deren Ergebnis wir nicht vorhersagen oder kontrollieren können. Deshalb ist Dienst auch eine Macht, größer als wir selbst, und von großer Bedeutung für alle.

**Meine Dankbarkeit spricht,
wenn ich mich sorge
und mit anderen teile
auf NA-Weise**

Wie es funktioniert

Wenn Du willst, was wir anzubieten haben und bereit bist, den Versuch zu unternehmen, es zu bekommen, dann bist Du in der Lage, gewisse Schritte zu unternehmen. Hier sind die Schritte, die unsere Genesung ermöglicht haben:

1. *Wir gaben zu, daß wir unserer Sucht gegenüber machtlos waren und unser Leben nicht mehr meistern konnten.*

2. *Wir kamen zu dem Glauben, daß eine Macht, größer als wir selbst, unsere geistige Gesundheit wiederherstellen kann.*

3. *Wir trafen eine Entscheidung, unseren Willen und unser Leben der Fürsorge Gottes, so wie wir Ihn verstanden, anzuvertrauen.*

4. *Wir machten eine erforschende und furchtlose moralische Inventur von uns selbst.*

5. *Wir gestanden Gott, uns selbst und einem anderen Menschen gegenüber die genaue Art unserer Fehler ein.*

6. *Wir waren vorbehaltlos bereit, alle diese Charakterfehler von Gott beseitigen zu lassen.*

7. *Demütig baten wir Ihn, uns von diesen Mängeln zu befreien.*

8. *Wir machten eine Liste aller Personen, denen wir Schaden zugefügt hatten, und wurden bereit, ihn bei allen wiedergutzumachen.*

9. *Wir machten bei diesen Menschen alles wieder gut, wo immer es möglich war, es sei denn, wir hätten dadurch sie oder andere verletzt.*

10. *Wir setzten die persönliche Inventur fort, und wenn wir Fehler machten, gaben wir sie sofort zu.*

11. *Wir suchten durch Gebet und Meditation die bewußte Verbindung zu Gott, wie wir* **Ihn** *verstanden, zu vertiefen. Wir baten Ihn nur, uns seinen Willen erkennbar werden zu lassen und uns die Kraft zu geben, ihn auszuführen.*

12. *Nachdem wir als Ergebnis dieser Schritte ein spirituelles Erwachen erlebt hatten, versuchten wir, diese Botschaft an andere Süchtige weiterzugeben und unser tägliches Leben nach diesen Prinzipien auszurichten.*

Dies alles hört sich wie eine riesige Aufgabe an, und wir können dies sicherlich nicht auf einmal bewältigen. Wir wurden schließlich auch nicht an einem Tag süchtig, deshalb heißt es: Hab Geduld.

Etwas steht unserer Genesung mehr im Wege als alles andere, und das ist eine gleichgültige oder intolerante Einstellung gegenüber spirituellen Prinzipien. Drei davon sind Ehrlichkeit, Aufgeschlossenheit und Bereitschaft. Sie führen uns auf den richtigen Weg.

Wir glauben, daß unsere Art mit der Krankheit Sucht umzugehen, völlig realistisch ist: wenn Süchtige einander helfen, ist der therapeutische Wert unvergleichlich. Wir halten dies für einen praktischen Weg, denn niemand ist besser in der Lage, Süchtige zu verstehen und ihnen zu helfen, als andere Süchtige. Wir glauben, je eher wir uns unseren Problemen in unserer Gesellschaft und im täglichen Leben stellen, desto eher werden wir zu anerkannten, verantwortungsbewußten und produktiven Mitgliedern dieser Gesellschaft.

Der einzige Weg, der aktiven Sucht nicht erneut zu verfallen, ist die erste Droge nicht zu nehmen. Wenn es Dir so geht wie uns, weißt Du genau, daß schon ein Versuch zuviel ist und tausend niemals genug. Wir betonen dies sehr, denn wir wissen, egal auf welche Art und Weise wir Drogen nehmen, oder wenn wir auf Ersatzdrogen umsteigen, es kommt zu einem Rückfall in unsere alte Abhängigkeit.

Viele Süchtige wurden rückfällig, weil sie Alkohol nicht für eine Droge hielten. Bevor wir zu NA kamen, dachten viele von uns, Alkohol sei ein anderes Problem, aber solche Mißverständnisse können wir uns nicht leisten. Alkohol ist eine Droge. Wir haben die Krankheit Sucht und müssen uns aller Drogen enthalten, um zu genesen.

Dies sind einige der Fragen, die wir uns gestellt haben: Sind wir sicher, daß wir mit Drogen aufhören wollen? Sind wir uns im klaren darüber, daß wir keine wirkliche Kontrolle über Drogen haben? Erkennen wir, daß letztendlich nicht wir die Drogen, sondern die Drogen uns im Griff hatten? Übernahmen Gefängnisse und Anstalten zeitweise die Führung über unser Leben? Akzeptieren wir vorbehaltlos die Tatsache, daß all unsere Versuche, mit Drogen aufzuhören oder sie in den Griff zu bekommen, fehlschlugen? Wissen wir, daß unsere Sucht uns in Leute verwandelte, die wir nicht sein wollten: in unehrliche, falsche, eigenwillige Menschen im Streit mit uns selbst und unseren Mitmenschen? Glauben wir wirklich, daß wir als Drogenkonsumenten und Drogenkonsumentinnen gescheitert sind?

Als wir Drogen nahmen, wurde die Wirklichkeit so schmerzlich, daß wir es vorzogen, sie zu vergessen. Wir versuchten, andere Menschen von unserem Schmerz nichts wissen zu lassen. Wir sonderten uns ab und lebten in Gefängnissen, die wir aus unserer Einsamkeit errichteten. Aus dieser Verzweiflung heraus suchten wir Hilfe bei Narcotics Anonymous. Wenn wir zu NA kommen, sind wir körperlich, geistig und seelisch bankrott. Wir haben so lange gelitten, daß wir jetzt bereit sind, alles zu tun, um clean zu bleiben.

Unsere einzige Hoffnung ist, nach dem Beispiel derjenigen zu leben, die sich in unserer verzweifelten Lage befunden hatten und einen Ausweg gefunden haben. Egal, wer wir sind, woher wir kommen oder was wir getan haben, bei NA werden wir angenommen. Unsere Sucht gibt uns eine gemeinsame Basis für gegenseitiges Verstehen.

Als Ergebnis einiger Meetingsbesuche beginnen wir, uns endlich irgendwo zugehörig zu fühlen. In diesen Meetings werden wir mit den Zwölf Schritten von Narcotics Anonymous bekanntgemacht. Wir lernen, die Schritte der Reihe nach zu arbeiten und sie in unserem täglichen Leben anzuwenden. Die Schritte sind unsere Lösung. Sie sind unsere Überlebensausrüstung, unsere Verteidigung gegen die tödliche Krankheit Sucht. Unsere Schritte sind die Prinzipien, die unsere Genesung ermöglichen.

Schritt Eins

»*Wir gaben zu, daß wir unserer Sucht gegenüber machtlos waren und unser Leben nicht mehr meistern konnten.*«

Es spielt keine Rolle, was oder wieviel wir nahmen. Clean zu bleiben, muß bei Narcotics Anonymous an erster Stelle stehen. Wir erkennen, daß wir nicht gleichzeitig Drogen nehmen und leben können. Wenn wir unsere Machtlosigkeit und unsere Unfähigkeit, unser Leben zu meistern, zugeben, öffnen wir die Tür zur Genesung. Niemand konnte uns davon überzeugen, daß wir Süchtige waren. Dieses Eingeständnis müssen wir uns selbst gegenüber machen. Wenn einige von uns Zweifel haben, stellen wir uns die folgende Frage: »Bin ich in der Lage, meinen Gebrauch von bewußtseins- oder stimmungsverändernden Drogen, gleich welcher Art, zu kontrollieren?«

Schon in dem Moment, wo Kontrolle vorgeschlagen wird, bzw. angebracht erscheint, werden die meisten Süchtigen sehen, daß dies nicht möglich ist. Wie immer das Ergebnis auch ausfallen mag, so stellen wir doch fest, daß wir unseren Drogengebrauch nicht für längere Zeit kontrollieren können.

Das weist klar darauf hin, daß Süchtige keine Kontrolle über Drogen haben. Machtlosigkeit bedeutet, gegen unseren Willen Drogen zu nehmen. Wenn wir nicht aufhören können, wie können wir uns dann einreden, alles unter Kontrolle zu haben? Die Unfähigkeit, mit dem Drogennehmen aufzuhören, selbst mit größter Willenskraft und dem aufrichtigsten Wunsch, das ist es, was wir meinen, wenn wir sagen: »Wir haben absolut keine Wahl.« Wir haben erst dann eine Wahl, wenn wir mit dem Versuch aufhören, unseren Drogengebrauch zu rechtfertigen.

Wir sind nicht voll überschäumender Liebe, Ehrlichkeit, Aufgeschlossenheit oder Bereitschaft in diese Gemeinschaft gestolpert. Wir hatten einen Punkt erreicht, an dem wir aufgrund von körperlichem, geistigem und seelischem Schmerz nicht mehr weiter Drogen nehmen konnten. Als wir geschlagen waren, wurden wir bereit.

Unsere Unfähigkeit, kontrolliert Drogen zu nehmen, ist ein Symptom der Krankheit Sucht. Wir sind machtlos, nicht nur im Hinblick auf Drogen, sondern auch unserer Sucht gegenüber. Wir müssen uns diese Tatsache eingestehen, um zu genesen. Sucht ist eine körperliche, geistige und spirituelle Krankheit, die sich auf jeden Bereich unseres Lebens auswirkt.

Der körperliche Anteil unserer Krankheit ist das zwanghafte Nehmen von Drogen: die Unfähigkeit, mit dem Drogennehmen aufzuhören, wenn wir erst einmal damit begonnen haben. Der geistige Aspekt unserer Krankheit ist die Besessenheit oder der übermächtige Wunsch, Drogen zu nehmen, selbst wenn wir dadurch unser Leben zerstören. Der spirituelle Teil unserer Krankheit liegt in unserer totalen Selbstbezogenheit. Wir meinten, daß wir aufhören konnten, wann immer wir wollten, ungeachtet aller gegenteiligen Anzeichen. Leugnung, Verdrängung, Rationalisierung, Rechtfertigung, Mißtrauen gegenüber anderen, Schuldgefühle, Verwirrung, Peinlichkeit, Selbstaufgabe, Erniedrigung, Vereinsamung und Kontrollverlust sind alles Ergebnisse unserer Krankheit. Unsere Krankheit ist fortschreitend, unheilbar und tödlich. Die meisten von uns sind erleichtert, wenn sie herausfinden, daß sie eine Krankheit und nicht eine moralische Schwäche haben.

Wir sind nicht verantwortlich für unsere Krankheit, aber wir sind verantwortlich für unsere Genesung. Die meisten von uns versuchten, alleine aufzuhören, wir waren jedoch unfähig, sowohl mit, als auch ohne Drogen zu leben. Schließlich erkannten wir, daß wir über unsere Sucht machtlos waren.

Viele von uns versuchten, mit bloßer Willenskraft mit dem Drogennehmen aufzuhören. Diese Versuche erwiesen sich als vorübergehende Lösungen. Wir erkannten, daß Willenskraft allein für längere Zeit nicht ausreichen würde. Wir probierten zahllose andere »Heilmittel« – Psychiater, Krankenhäuser, Therapieeinrichtungen, Liebesbeziehungen, neue Städte, einen neuen Arbeitsplatz. Alles, was wir unternahmen, schlug fehl. Wir fingen an zu erkennen, daß wir scheinbar vernünftige Erklärungen für den unglaublichsten Unsinn fanden, um so das Chaos zu rechtfertigen, welches Drogen in unserem Leben angerichtet hatten.

Solange wir unsere Vorbehalte, wie immer sie auch aussehen mögen, nicht loslassen, ist die Grundlage unserer Genesung gefährdet. Vorbehalte bringen uns um den Gewinn, den dieses Programm zu bieten hat. Indem wir uns von allen Vorbehalten befreien, kapitulieren wir. Nur dann kann uns bei der Genesung von der Krankheit Sucht geholfen werden.

Jetzt lautet die Frage: »Wenn wir machtlos sind, wie kann uns Narcotics Anonymous helfen?« Wir beginnen, indem wir um Hilfe bitten. Die Grundlage unseres Programms ist das Eingeständnis, daß wir selbst keine Macht über die Sucht besitzen. Wenn wir dies akzeptieren können, dann haben wir den ersten Teil des ersten Schrittes vollendet.

Ein zweites Eingeständnis muß gemacht werden, damit die Grundlage vollständig wird; denn wenn wir hier aufhören, werden wir nur die halbe Wahrheit kennen. Wir sind stark, wenn es darum geht, die Wahrheit zu manipulieren. Wir können auf der einen Seite sagen: »Ja, ich bin machtlos über meine Sucht« und auf der anderen Seite: »Wenn ich mein Leben in den Griff bekomme, kann ich auch mit Drogen umgehen«. Solche Gedanken und Handlungen führen uns zurück zur aktiven Sucht. Wir sind niemals auf den Gedanken gekommen zu fragen: »Wenn wir unsere Sucht nicht kontrollieren können, wie können wir dann Kontrolle über unser Leben haben?« Ohne Drogen fühlten wir uns elend, und wir konnten unser Leben nicht meistern.

Arbeitsunfähigkeit, Selbstaufgabe und Zerstörung sind leicht als Merkmale eines Lebens, das nicht zu meistern ist, zu erkennen. In den meisten Fällen sind unsere Familien durch unsere Handlungen enttäuscht, vor den Kopf gestoßen oder verwirrt, und oft verlassen oder verstoßen sie uns. Wenn wir eine Arbeit finden, von der Gesellschaft akzeptiert werden und wieder zu unseren Familien zurückfinden, so bedeutet dies nicht, daß wir unser Leben meistern können. Gesellschaftliche Anerkennung ist nicht gleichzusetzen mit Genesung.

Wir haben herausgefunden, daß wir keine andere Wahl hatten, entweder wir änderten völlig unsere alte Denkweise, oder wir nahmen wieder Drogen. Wenn wir unser Bestes geben, dann funktioniert es für uns, so wie es für andere funktioniert hat. Als wir unsere alte Art zu leben nicht länger ertragen konnten, begannen wir, uns zu ändern. Von diesem Punkt an konnten wir erkennen, daß jeder Tag, an dem wir clean bleiben, ein erfolgreicher

Tag ist, unabhängig davon, was passiert. Kapitulieren bedeutet, nicht länger kämpfen zu müssen. Wir akzeptieren unsere Sucht und das Leben, wie es ist. Wir wurden bereit, all das zu tun, was notwendig ist, um clean zu bleiben, selbst wenn es sich um Dinge handelt, die wir ungern tun.

Solange wir den Ersten Schritt nicht gemacht hatten, waren wir voller Angst und Zweifel. An diesem Punkt fühlten sich viele von uns verloren und verwirrt. Wir fühlten uns anders. Indem wir diesen Schritt arbeiten, bestätigen wir, daß wir uns den NA-Prinzipien anvertrauen. Nur nach einer Kapitulation sind wir in der Lage, die Entfremdung der Sucht zu überwinden. Hilfe für Süchtige setzt erst dann ein, wenn wir fähig sind, die totale Niederlage einzugestehen. Das kann beängstigend sein, aber es ist die Grundlage, auf der wir unser Leben aufbauen.

Schritt Eins bedeutet, daß wir keine Drogen nehmen müssen, und dies ist eine große Freiheit. Für manche von uns dauerte es einige Zeit, bis sie erkannten, daß sie ihr Leben nicht mehr meistern konnten. Ihr Leben nicht meistern zu können, war für andere hingegen die einzige Sache, die klar war. In unserem Innersten wußten wir, daß Drogen die Macht hatten, uns in Menschen zu verwandeln, die wir nicht sein wollten.

Indem wir clean sind und diesen Schritt arbeiten, werden wir von unseren Ketten befreit. Keiner dieser Schritte wirkt jedoch durch Zauberei. Wir sprechen nicht nur die Worte dieses Schrittes nach; wir lernen, sie zu leben. Wir finden selbst heraus, daß das Programm uns etwas zu geben hat.

Wir haben Hoffnung gefunden. Wir können lernen, in der Welt, in der wir leben, zurechtzukommen. Wir können einen Sinn und Zweck im Leben finden und vor Wahnsinn, Verkommenheit und Tod gerettet werden.

Wenn wir unsere Machtlosigkeit und die Unfähigkeit, unser Leben zu meistern, eingestehen, öffnen wir die Tür für eine Macht, größer als wir selbst, uns zu helfen. Es zählt nicht, wo wir waren, sondern wohin wir gehen.

Schritt Zwei

»*Wir kamen zu dem Glauben, daß eine Macht, größer als wir selbst, unsere geistige Gesundheit wiederherstellen kann.*«

Wenn wir anhaltende Genesung erreichen wollen, ist der Zweite Schritt unumgänglich. Aus dem Ersten Schritt entsteht die Notwendigkeit, an etwas zu glauben, das uns in unserer Machtlosigkeit, Nutzlosigkeit und Hilflosigkeit helfen kann.

Der Erste Schritt hat ein Vakuum in unserem Leben hinterlassen. Wir müssen etwas finden, das diese Leere ausfüllt. Das ist das Ziel des Zweiten Schritts.

Manche von uns nahmen diesen Schritt zunächst nicht ernst; wir gingen mit einem Minimum an Interesse darüber hinweg, mußten dann jedoch feststellen, daß die darauffolgenden Schritte nicht funktionierten, bis wir den Zweiten Schritt gearbeitet hatten. Selbst wenn manche von uns zugaben, Hilfe bei ihrem Drogenproblem zu benötigen, leugneten viele von uns das

Bedürfnis nach Vertrauen und geistiger Gesundheit.

Wir haben eine Krankheit: fortschreitend, unheilbar und tödlich. Egal wie, wir kauften unsere Zerstörung auf Raten! Wir alle, angefangen vom Junkie, der Handtaschen raubt, bis zur netten alten Dame, die sich bei zwei oder drei Ärzten ein legales Rezept ausstellen läßt, haben etwas gemeinsam: Wir suchen unsere Zerstörung immer wieder aufs neue, mit einem Druck, mit einigen Tabletten oder mit einer Flasche, solange, bis wir sterben. Dies ist zumindest ein Teil des Wahnsinns der Sucht. Der Preis scheint für die Süchtigen, die sich für eine Spritze prostituieren, höher zu sein als für Süchtige, die »nur« den Arzt belügen. Am Ende bezahlen alle für ihre Krankheit mit dem Leben. Wahnsinn ist, immer wieder die gleichen Fehler zu machen und unterschiedliche Ergebnisse zu erwarten.

Wenn wir in das Programm kommen, erkennen viele von uns, daß wir immer wieder Drogen nahmen, obwohl wir wußten, daß wir unser Leben zerstörten. Wahnsinn ist, täglich Drogen zu nehmen, obwohl wir wissen, daß ausschließlich körperlicher und geistiger Verfall folgt. Der offensichtlichste Teil des Wahnsinns der Krankheit Sucht ist die Besessenheit, Drogen nehmen zu müssen.

Glaubst Du nicht, daß es verrückt wäre, auf jemanden zuzugehen und zu sagen: »Kann ich bitte einen Herzinfarkt oder einen tödlichen Unfall haben?« Wenn Du zustimmst, daß dies Wahnsinn ist, dürftest Du mit dem Zweiten Schritt keine Schwierigkeiten haben.

Das erste, was wir in diesem Programm tun, ist mit Drogen aufzuhören. An diesem Punkt fangen wir an zu fühlen, wie schmerzhaft das Leben ohne Drogen oder irgendeinen Ersatz ist. Der Schmerz zwingt uns, nach einer Macht zu suchen, die größer ist als wir selbst, und die uns von der Besessenheit, Drogen zu nehmen, erlösen kann.

Der Prozeß, der zu einem Glauben führt, ist für die meisten Süchtigen ähnlich. Vielen fehlte eine funktionierende Verbindung zu einer Höheren Macht. Wir fangen an, diese Verbindung zu entwickeln, indem wir einfach die Möglichkeit der Existenz einer Macht, die größer ist als wir selbst, eingestehen. Die meisten von uns haben keine Schwierigkeiten zuzugeben, daß die Sucht zu einer zerstörerischen Kraft in ihrem Leben geworden war. Alle unsere Bemühungen endeten jedesmal in größerer Zerstörung und Verzweiflung. Irgendwann erkannten wir, daß wir die Hilfe einer Macht brauchen, die größer ist als unsere Sucht. Was wir unter einer Höheren Macht verstehen, bleibt uns selbst überlassen. Niemand wird für uns entscheiden. Wir können es Gruppe nennen, Programm oder auch Gott. Die einzige Empfehlung ist, daß diese Macht liebend, fürsorglich und größer als wir selbst ist. Um diese Vorstellung anzunehmen, brauchen wir nicht religiös zu sein. Es geht darum, daß wir uns dem Glauben öffnen. Dies ist möglicherweise schwierig, aber indem wir offen bleiben, werden wir früher oder später die Hilfe erhalten, die wir brauchen.

Wir redeten mit anderen und hörten ihnen zu. Wir sahen andere genesen, und sie erzählten uns, was für sie funktionierte. Wir begannen die Gegenwart irgendeiner Macht, die nicht vollständig erklärt werden konnte, wahrzunehmen. Damit konfrontiert, fingen wir an, die Existenz einer Macht, die größer ist als wir selbst, anzunehmen. Wir können diese Macht einsetzen, lange bevor wir sie verstehen.

Während wir sehen, wie Zufälle und Wunder in unserem Leben geschehen, wandelt sich die Annahme in Vertrauen. Wir fangen an, uns mit unserer Höheren Macht als Quelle der Kraft behaglich zu fühlen. In dem Maße, in dem wir lernen, dieser Macht zu vertrauen, beginnen wir unsere Angst vor dem Leben zu überwinden.

Während wir unseren Glauben finden, wird unsere geistige Gesundheit wiederhergestellt. Die Kraft zu handeln entsteht aus diesem Glauben. Wir müssen diesen

Schritt annehmen, um den Weg der Genesung beginnen zu können. Wenn unser Glaube gewachsen ist, sind wir bereit für den Dritten Schritt.

Schritt Drei

»Wir trafen eine Entscheidung, unseren Willen und unser Leben der Fürsorge Gottes, so wie wir Ihn verstanden, anzuvertrauen.«

Als Süchtige haben wir oft unseren Willen und unser Leben in die Hand einer zerstörerischen Macht gelegt. Unser Wille und unser Leben wurden durch Drogen kontrolliert. Unser Verlangen nach sofortiger Befriedigung unserer Bedürfnisse, das durch Drogen gestillt wurde, hielt uns gefangen. Während dieser Zeit war unser gesamtes Wesen – Körper, Geist und Seele – durch Drogen beherrscht. Eine Zeitlang war dies angenehm, dann schwand die Euphorie, und wir sahen die häßliche Seite der Sucht. Wir erkannten, je stärker das Hoch, das wir durch Drogen erhielten, desto schlimmer das Tief, in das wir stürzten. Es gab für uns zwei Möglichkeiten: entweder durchlitten wir den Schmerz des Entzugs, oder wir nahmen mehr Drogen.

Für alle von uns kam der Tag, an dem es keine Wahl mehr gab; wir mußten Drogen nehmen. Wir hatten unseren Willen und unser Leben unserer Sucht geopfert und suchten in äußerster Verzweiflung nach einem anderen Weg. Bei Narcotics Anonymous entscheiden wir uns, unseren Willen und unser Leben der Fürsorge Gottes, so wie wir Ihn verstehen, anzuvertrauen. Dies ist ein riesiger Schritt. Wir brauchen nicht religiös zu sein; alle können diesen Schritt machen. Alles, was erforderlich ist, ist Bereitschaft. Allein wesentlich ist, daß wir die Tür für eine Macht, größer als wir selbst, öffnen.

Unsere Vorstellung von Gott wird nicht von einem Dogma bestimmt, sondern von dem, was wir glauben und was für uns funktioniert. Viele von uns verstehen Gott einfach als eine Kraft, die uns clean hält. Das Recht auf einen Gott nach Deinem eigenen Verständnis ist unbegrenzt und ohne Einschränkung. Weil wir dieses Recht haben, ist es notwendig, ehrlich mit unserem Glauben zu sein, um spirituell zu wachsen.

Alles, was wir tun mußten, war, es zu versuchen. Als wir unser Bestes gaben, funktionierte das Programm für uns, wie es für zahllose andere funktioniert hatte. Der Dritte Schritt sagt nicht: »Wir vertrauten unseren Willen und unser Leben der Fürsorge Gottes an.« Er sagt: »*Wir trafen eine Entscheidung, unseren Willen und unser Leben der Fürsorge Gottes,* so wie wir Ihn verstanden, *anzuvertrauen.*« Wir waren es, die die Entscheidung trafen; sie wurde nicht für uns durch Drogen, von unseren Familien, einem Bewährungshelfer, einer Richterin, einem Therapeuten oder einer Ärztin getroffen. Wir trafen sie! Zum ersten Mal seit dem Zeitpunkt, an dem wir unseren ersten Drogenrausch erlebten, trafen wir selbst für uns eine Entscheidung.

Das Wort Entscheidung bedeutet handeln. Diese Entscheidung beruht auf Vertrauen. Wir brauchen nur zu glauben, daß das Wunder, das wir im Leben von clean gewordenen Süchtigen sehen, allen Süchtigen geschehen kann, die das Verlangen haben, sich zu ändern. Wir stellen einfach fest, daß es eine Kraft des spirituellen Wachstums gibt, die uns helfen kann, toleranter, geduldiger und nützlicher zu sein, wenn es darum geht, anderen zu helfen. Viele von uns haben gesagt »Nimm meinen Willen und mein Leben. Führe mich auf dem Wege meiner Genesung. Zeig mir, wie ich leben kann.« Die Erleichterung von »loslassen und Gott überlassen« hilft uns, ein Leben aufzubauen, das sich lohnt zu leben.

Uns dem Willen unserer Höheren Macht zu überlassen, wird durch tägliche Übung einfacher. Wenn wir es ehrlich versuchen, funktioniert es. Viele von uns beginnen ihren Tag mit einer einfachen Bitte um Führung an unsere Höhere Macht.

Obwohl wir wissen, daß das »Abgeben« funktioniert, kann es immer noch geschehen, daß wir unseren Willen und unser Leben wieder zurücknehmen. Es kann sogar sein, daß wir wütend werden, weil Gott dies erlaubt. Es gibt Zeitpunkte während unserer Genesung, in denen die Entscheidung, um Gottes Hilfe zu bitten, unsere größte Quelle der Kraft und des Mutes ist. Wir können diese Entscheidung nicht oft genug treffen. Ruhig kapitulieren wir und stellen uns unter die Fürsorge Gottes, so wie wir Gott verstehen.

Zunächst drehte sich für uns alles um die Frage: »Was wird geschehen, wenn ich mein Leben abgebe? Werde ich dann zu einem »perfekten« Menschen?« Wahrscheinlich waren wir doch etwas realistischer. Einige von uns mußten sich an ein erfahrenes NA-Mitglied wenden, um die Frage zu stellen: »Wie war es für Dich?« Die Antwort unterscheidet sich von Mitglied zu Mitglied. Die meisten von uns spüren, daß Offenheit, Bereitschaft und Kapitulation die Schlüssel zu diesem Schritt sind.

Wir haben unseren Willen und unser Leben einer Macht anvertraut, die größer ist als wir selbst. Wenn wir gewissenhaft und ehrlich sind, werden wir eine Wende zum Besseren feststellen. Indem wir die wahre Bedeutung von Kapitulation erfahren, wächst unser Vertrauen, und unsere Ängste verringern sich. Wir kämpfen nicht mehr gegen Angst, Zorn, Schuld, Selbstmitleid oder Depressionen an. Wir erkennen, daß die Macht, die uns in dieses Programm gebracht hat, immer noch bei uns ist und uns weiterhin führen wird, wenn wir es Ihr nur gestatten. Langsam beginnen wir, die lähmende Angst der Hoffnungslosigkeit zu verlieren. Der Beweis für diesen Schritt zeigt sich in der Art unseres Lebens.

Es bereitet uns nunmehr Freude, clean zu leben, und wir möchten mehr von dem Positiven, das die NA-Gemeinschaft für uns bereithält. Wir wissen jetzt, daß wir in unserem spirituellen Programm keine Pause einlegen können; wir möchten alles, was wir bekommen können.

Jetzt sind wir soweit, unsere erste ehrliche Selbstbewertung in Angriff zu nehmen, und wir beginnen mit dem Vierten Schritt.

Schritt Vier

»Wir machten eine erforschende und furchtlose moralische Inventur von uns selbst.«

Der Zweck einer erforschenden und furchtlosen moralischen Inventur ist, die Verwirrungen und Widersprüche in unserem Leben zu sortieren, um herausfinden zu können, wer wir wirklich sind. Wir beginnen ein neues Leben und müssen uns von der Last und den Verstrickungen befreien, die uns kontrollierten und unser Wachstum verhinderten.

Wenn wir diesen Schritt angehen, befürchten viele von uns, ein Monster in sich zu haben, das sie zerstört, wenn es erst einmal befreit wird. Diese Angst kann dazu führen, daß wir unsere Inventur aufschieben. Sie kann uns sogar ganz davon abhalten, diesen entscheidenden Schritt zu tun. Wir haben erfahren, daß Angst mangelndes Vertrauen ist und haben unseren eigenen liebenden Gott gefunden, an den wir uns wenden können. Wir brauchen keine Angst mehr zu haben.

Wir waren Expertinnen und Experten der Selbsttäuschung und vermeintlich vernünftiger Erklärungen. Indem wir unsere Inventur schreiben, können wir diese Hindernisse überwinden. Eine schriftliche Inventur erschließt Teile unseres Unterbewußtseins, die verborgen bleiben, wenn wir nur über uns nachdenken oder sprechen. Sobald es einmal zu Papier gebracht wurde, ist unser wahres Wesen leichter erkennbar und schwieriger zu leugnen. Eine aufrichtige Selbsteinschätzung ist einer der Schlüssel zu unserem neuen Leben.

Machen wir uns nichts vor: als wir Drogen nahmen, waren wir nicht ehrlich mit uns. Wir werden ehrlich, wenn wir uns eingestehen, daß die Sucht uns besiegt hat und daß wir Hilfe brauchen. Es dauerte lange, bis wir zugaben, daß wir geschlagen waren. Wir fanden heraus, daß wir nicht über Nacht körperlich, geistig und seelisch genesen. Der Vierte Schritt hilft uns auf dem Weg unserer Genesung. Die meisten von uns mußten erkennen, daß sie weder so schrecklich noch so wunderbar waren, wie sie dachten. Wir stellen mit Erstaunen fest, daß in unserer Inventur auch gute Punkte auftauchen. Alle, die eine Zeitlang im Programm sind und diesen Schritt gearbeitet haben, werden Dir sagen, daß der Vierte Schritt einen Wendepunkt in ihrem Leben darstellte.

Einige von uns machen den Fehler, den Vierten Schritt so anzugehen, als ginge es um das Eingeständnis, wie furchtbar wir sind – welch schlechte Menschen wir gewesen waren. In diesem neuen Lebensabschnitt kann es gefährlich sein, sich in Selbstmitleid zu baden. Dies ist nicht Zweck des Vierten Schrittes. Wir versuchen, uns von den alten, nutzlosen Mustern zu befreien. Wir machen den Vierten Schritt, um zu wachsen und Kraft und Einsicht zu gewinnen. Es gibt viele verschiedene Möglichkeiten, den Vierten Schritt anzugehen.

Der Erste, Zweite und Dritte Schritt bilden die notwendige Vorbereitung, um Vertrauen und Mut zu einer furchtlosen schriftlichen Inventur zu erhalten. Bevor wir mit dieser Inventur beginnen ist es ratsam, die ersten drei Schritte mit einem Sponsor oder einer Sponsorin durchzugehen. Wir werden sicherer in unserem Verständnis dieser Schritte und gestehen uns das Privileg zu, uns gut zu fühlen, bei dem, was wir tun. Lange Zeit schlugen wir uns herum und gelangten nirgendwo hin. Jetzt beginnen wir den Vierten Schritt und lassen unsere Angst los. Wir schreiben es einfach auf, so gut wie wir es zur Zeit können.

Wir müssen mit der Vergangenheit Schluß machen, nicht an ihr festklammern. Wir möchten unserer Vergangenheit gegenübertreten, sie als das erkennen, was sie tatsächlich war, und sie dann loslassen, damit wir heute leben können. Für die meisten von uns war die Vergangenheit ein böser Geist in der Flasche. Wir hatten

Angst, die Flasche zu öffnen, denn wir fürchteten uns vor dem, was der Geist uns antun könnte. Wir brauchen nicht allein auf die Vergangenheit zurückzublicken. Unser Wille und unser Leben sind nun in den Händen unserer Höheren Macht.

Solange wir nach unserem eigenen Willen handelten, schien es unmöglich, eine gewissenhafte und ehrliche Inventur zu schreiben. Bevor wir schreiben, sammeln wir uns für einige Augenblicke und bitten um die Kraft, furchtlos und gewissenhaft zu sein.

Der Vierte Schritt bringt uns in Berührung mit uns selbst. Wir schreiben über das, was uns belastet, wie Schuld, Scham, Reue, Selbstmitleid, Groll, Zorn, Depression, Frustration, Verwirrung, Einsamkeit, Furcht, Verrat, Hoffnungslosigkeit, Versagen, Angst und Leugnung.

Wir schreiben über das, was uns hier und jetzt bedrückt. Wir neigen dazu, negativ zu denken; indem wir dies zu Papier bringen, erhalten wir die Chance, das, was geschieht, positiver zu betrachten.

Auch unsere Stärken müssen in Betracht gezogen werden, wenn wir ein genaues und vollständiges Bild von uns erhalten wollen. Dies ist für die meisten von uns außerordentlich schwierig, denn es ist nicht leicht zu akzeptieren, daß wir auch gute Eigenschaften haben. Wir alle haben Vorzüge. Viele davon wurden durch das Programm neu entdeckt, so z.B. Cleansein, Offenheit, spirituelles Bewußtsein, Ehrlichkeit anderen gegenüber, Annahme, positives Handeln, Teilen, Bereitschaft, Mut, Vertrauen, Anteilnahme, Dankbarkeit, Güte und Großzügigkeit. Unsere Inventur enthält gewöhnlich auch Aussagen über unsere Beziehungen.

Wir prüfen unser vergangenes und gegenwärtiges Verhalten und erkennen, was wir behalten und was wir ablegen wollen. Niemand zwingt uns, unser Elend aufzugeben. Diesem Schritt wird nachgesagt, er sei sehr schwierig; in Wahrheit ist er ziemlich einfach.

Wir schreiben unsere Inventur, ohne an den Fünften Schritt zu denken. Wir arbeiten den Vierten Schritt so, als gäbe es keinen Fünften Schritt. Wir können alleine oder in der Nähe anderer Menschen schreiben; gut ist, was uns am besten erscheint. Wir können so viel oder so wenig wie nötig schreiben. Jemand mit Erfahrung kann helfen. Das Wichtigste ist, eine moralische Inventur zu schreiben. Wenn uns das Wort moralisch stört, können wir auch positiv/negativ Inventur sagen.

Eine Inventur kann nur geschrieben werden, indem wir sie schreiben! Wir werden keine Inventur schreiben, indem wir darüber nachdenken, sprechen oder Theorien darüber entwerfen. Wir setzen uns mit unserem Notizblock hin, bitten um Führung, nehmen unseren Stift und beginnen zu schreiben. Alles, was uns einfällt, ist Material für die Inventur. Wenn wir erkennen, wie wenig wir zu verlieren und wieviel wir zu gewinnen haben, fangen wir mit diesem Schritt an.

Eine Faustregel lautet, daß wir eher zuwenig, jedoch niemals zuviel schreiben können. Die Inventur wird zum jeweiligen

Menschen passen. Vielleicht erscheint sie uns schwierig oder schmerzlich oder sogar auch unmöglich. Wir haben möglicherweise Angst, daß in Kontakt mit unseren Gefühlen zu sein, eine überwältigende Kettenreaktion von Schmerz und Panik auslösen könnte. Es mag sein, daß wir die Inventur aus Angst zu versagen erst gar nicht machen wollen. Wenn wir unsere Gefühle nicht beachten, wird die Spannung zu viel für uns. Die Angst vor dem drohenden Untergang ist so groß, daß sie unsere Angst vor einem Versagen übersteigt.

Eine Inventur bedeutet Erleichterung, denn der Schmerz, sie zu schreiben, ist geringer als der, dies nicht zu tun. Wir lernen, daß Schmerz eine treibende Kraft in der Genesung sein kann. Daher ist es unumgänglich, sich ihm zu stellen. Das Thema jedes Schritte-Meetings scheint der Vierte Schritt oder die Erstellung einer täglichen Inventur zu sein. Durch den Prozeß der Inventur können wir mit all den Dingen umgehen, die anfallen. Je mehr wir im Programm leben, desto häufiger scheint Gott uns in Situationen zu versetzen, in denen bestimmte Themen sichtbar werden. Wenn solch ein Thema auftaucht, schreiben wir darüber. Wir fangen an, uns unserer Genesung zu erfreuen, denn wir haben ein Mittel, um mit Scham, Schuld und Groll fertig zu werden.

Der alte Druck in uns weicht. Durch das Schreiben öffnet sich ein Ventil. Wir entscheiden, ob wir alles auspacken, rauswerfen oder wieder wegschließen wollen. Wir brauchen uns nicht länger damit zu belasten.

Wir setzen uns mit Papier und Bleistift hin und bitten Gott, uns die Mängel zu offenbaren, die uns Schmerz und Leid verursachen. Wir beten um den Mut, furchtlos und gründlich zu sein, und daß diese Inventur helfen möge, unser Leben in Ordnung zu bringen. Wenn wir beten und handeln, geht es stets besser.

Wir werden nicht vollkommen werden. Wären wir vollkommen, so wären wir nicht menschlich. Wichtig ist, daß wir unser Bestes geben. Wir benutzen die Hilfsmittel, die uns zur Verfügung stehen, und lernen, daß uns unsere Gefühle nicht umbringen. Wir möchten nichts von dem verlieren, was wir erreicht haben, und mit dem Programm weitermachen. Unsere Erfahrung zeigt, daß eine erforschende und gründliche Inventur, keine andauernde Wirkung haben kann, wenn ihr nicht sofort ein ebenso gründlicher Fünfter Schritt folgt.

Schritt Fünf

»*Wir gestanden Gott, uns selbst und einem anderen Menschen gegenüber die genaue Art unserer Fehler ein.*«

Der Fünfte Schritt ist der Schlüssel zur Freiheit. Er ermöglicht uns, in der Gegenwart clean zu leben. Durch das Teilen der genauen Art unserer Fehler werden wir befreit, um zu leben. Nachdem wir einen gründlichen Vierten Schritt gemacht haben, befassen wir uns mit dem Inhalt unserer Inventur. Uns wird gesagt, wenn wir diese Mängel für uns behalten, werden sie uns dazu bringen, wieder Drogen zu nehmen. Wenn wir an unserer Vergangenheit festhalten, könnte uns dies schwächen und daran hindern, unser neues Leben zu leben. Wenn wir im Fünften Schritt nicht ehrlich sind, werden wir dieselben negativen Ergebnisse erhalten, die durch unsere Unehrlichkeit in der Vergangenheit entstanden sind.

Der Fünfte Schritt schlägt vor, daß wir Gott, uns selbst und einem anderen Menschen gegenüber die genaue Art unserer Fehler eingestehen. Wir schauten auf unsere Fehler, untersuchten unsere Verhaltensmuster und fingen an, die verborgenen Seiten unserer Krankheit zu erkennen. Nun sitzen wir mit einer anderen Person zusammen und teilen unsere Inventur mit ihr, indem wir sie laut aussprechen.

Während des Fünften Schrittes wird unsere Höhere Macht bei uns sein. Wir werden Hilfe erhalten und frei sein, uns einem anderen Menschen und uns selbst zu stellen. Es schien nicht nötig, der Höheren Macht gegenüber die genaue Art unserer Fehler einzugestehen. »Gott kennt dies alles schon«, sagten wir uns. Obwohl Er es weiß, muß das Eingeständnis aus unserem Mund kommen, um tatsächlich wirkungsvoll zu sein. Der Fünfte Schritt bedeutet nicht einfach ein Vorlesen des Vierten Schrittes.

Jahrelang vermieden wir es, uns so zu sehen, wie wir wirklich waren. Wir schämten uns über uns selbst und fühlten uns vom Rest der Welt isoliert. Jetzt, da wir den beschämenden Teil unserer Vergangenheit eingekreist haben, uns ihm stellen und ihn zugeben, können wir ihm die Macht über unser Leben nehmen. Es wäre tragisch, erst alles aufzuschreiben und es dann in der Schublade verschwinden zu lassen. Diese Mängel wachsen im Dunkeln und sterben im Licht der Enthüllung.

Bevor wir zu Narcotics Anonymous kamen, dachten wir, daß niemand verstehen könnte, was wir getan hatten. Wir befürchteten, daß wir bestimmt abgelehnt würden, wenn wir jemals zu erkennen gäben, wie wir waren. Die meisten Süchtigen fühlen sich bei diesem Gedanken unbehaglich. Wir erkennen, daß unsere Gefühle nicht der Wirklichkeit entsprechen. Die Freundinnen und Freunde der Gemeinschaft verstehen uns.

Wir müssen die Person, die unseren Fünften Schritt anhören soll, sorgfältig auswählen. Wir müssen uns vergewissern, daß sie weiß, was wir tun und warum wir es tun. Obwohl es keine feste Regel gibt, ist es wichtig, daß wir der Person unserer Wahl vertrauen. Nur durch völliges Vertrauen in die Integrität und Diskretion dieser Person kann in uns die Bereitschaft entstehen, in diesem Schritt gründlich zu sein. Manche von uns machen den Fünften Schritt mit völlig Fremden, obwohl sich andere von uns wohler fühlen, wenn sie ein Mitglied von Narcotics Anonymous wählen. Wir wissen, daß andere Süchtige weniger dazu neigen, uns böswillig oder aus einem Mißverständnis heraus zu beurteilen.

Wenn wir unsere Wahl einmal getroffen haben und mit dieser Person allein sind, setzen wir mit ihrer Ermutigung den eingeschlagenen Weg fort. Wir möchten klar, ehrlich und gründlich sein, denn wir wissen, daß es um Leben und Tod geht.

Manche von uns probierten, Teile ihrer Vergangenheit zu verbergen, indem sie versuchten, einen leichteren Weg zu finden, um mit ihren inneren Gefühlen fertig zu werden. Wir mögen denken, daß wir genug getan haben, indem wir über unsere Vergangenheit geschrieben haben. Wir können uns diesen Fehler nicht erlauben. Dieser Schritt deckt unsere Absichten und Taten auf. Wir können nicht erwarten, daß sich diese Dinge von selbst offenbaren. Unsere Verlegenheit ist schließlich überwunden, und wir können zukünftige Schuldgefühle vermeiden.

Wir zaudern nicht. Wir müssen genau sein. Wir möchten die einfache Wahrheit erzählen, kurz und bündig und so schnell wie möglich. Es besteht immer die Gefahr, daß wir mit unseren Fehlern übertreiben. Ebenso gefährlich ist eine Verharmlosung oder Rationalisierung unserer Rolle in vergangenen Situationen. Letztendlich möchten wir uns immer noch gut anhören.

Süchtige neigen dazu, ein Leben im Verborgenen zu führen. Jahre hindurch verdeckten wir eine geringe Selbstachtung, indem wir uns hinter falschen Fassaden versteckten, von denen wir hofften, daß sie die Leute zum Narren hielten. Unglücklicherweise hielten wir uns selbst mehr zum Narren, als alle anderen. Obwohl wir äußerlich oft anziehend und vertrauenerweckend erschienen, versteckten wir in Wirklichkeit einen schwachen, unsicheren Menschen in uns. Die Masken müssen runter. Wir teilen unsere Inventur, so wie sie geschrieben ist, ohne etwas auszulassen. Wir gehen diesen Schritt weiter mit Ehrlichkeit und Gründlichkeit an, bis wir ihn beendet haben. Es ist eine große Erleichterung, sich aller Geheimnisse zu entledigen und die Last unserer Vergangenheit zu teilen.

Während wir diesen Schritt teilen, wird gewöhnlich auch die Zuhörerin oder der Zuhörer etwas von ihrer bzw. seiner

Geschichte erzählen. Wir stellen fest, daß wir nicht einzigartig sind. Wir sehen in der Annahme durch die Person unseres Vertrauens, daß wir so akzeptiert werden können, wie wir sind.

Möglicherweise werden wir niemals in der Lage sein, uns an alle Fehler der Vergangenheit zu erinnern. Wie dem auch sei, wir tun unser Bestes und geben uns alle Mühe. Wir fangen an, ureigene Gefühle spiritueller Art zu erleben. Wo wir einst spirituelle Theorien hatten, beginnen wir jetzt zu einer spirituellen Realität zu erwachen. Diese erste Untersuchung unserer selbst deckt einige Verhaltensmuster auf, die wir nicht sonderlich mögen. Wenn wir uns jedoch diesen Mustern stellen und sie offen darlegen, können wir etwas an ihnen ändern. Diese Veränderungen können wir nicht alleine schaffen. Wir brauchen die Hilfe Gottes, so wie wir Ihn verstehen, und die Gemeinschaft von Narcotics Anonymous.

Schritt Sechs

»*Wir waren vorbehaltlos bereit, alle diese Charakterfehler von Gott beseitigen zu lassen.*«

Warum um etwas bitten, bevor wir soweit sind? Dies würde bedeuten, Schwierigkeiten geradezu herauszufordern. Oft wollten Süchtige lediglich den Lohn kassieren, ohne die notwendige Arbeit dafür zu leisten. Wir streben im Sechsten Schritt Bereitschaft an. Wie gründlich wir diesen Schritt arbeiten, hängt von unserem Wunsch nach Veränderung ab.

Wollen wir tatsächlich unseren Groll, unsere Wut und unsere Angst loswerden? Viele von uns klammern sich an ihre Ängste, ihre Zweifel, ihren Ekel vor sich selbst oder ihren Haß, denn in einem vertrauten Schmerz liegt eine gewisse entstellte Sicherheit. Es scheint sicherer, an dem festzuhalten, was wir kennen, als es für das Unbekannte aufzugeben.

Das Loslassen von Charakterfehlern sollte entschlossen geschehen. Wir leiden, da ihre Ansprüche uns schwächen. Dort, wo wir stolz waren, stellen wir nunmehr fest, daß wir mit Überheblichkeit nicht mehr durchkommen. Wenn wir nicht demütig sind, werden wir gedemütigt. Wenn wir gierig sind, merken wir, daß wir niemals zufriedengestellt werden. Bevor wir den Vierten und den Fünften Schritt in Angriff nahmen, konnten wir uns Angst, Wut, Unehrlichkeit oder Selbstmitleid hingeben. Heute erschwert das Schwelgen in diesen Charakterfehlern unsere Fähigkeit, logisch zu denken. Selbstsucht wird zu einer unerträglichen, zerstörerischen Kette, die uns an unsere schlechten Gewohnheiten bindet. Unsere Charakterfehler zehren unsere ganze Zeit und Energie auf.

Wir gehen die Inventur des Vierten Schrittes durch und erhalten einen guten Blick für das, was diese Charakterfehler in unserem Leben anrichten. Wir beginnen, uns nach Freiheit von diesen Fehlern zu sehnen. Wir beten oder werden auf andere Weise willens, bereit und fähig, Gott diese zerstörerischen Züge beseitigen zu lassen.

Wir brauchen eine Veränderung unserer Persönlichkeit, wenn wir clean bleiben wollen. Wir möchten uns verändern.

Alte Charakterfehler sollten wir unvoreingenommen angehen. Wir sind uns ihrer bewußt, und trotzdem machen wir immer noch die gleichen Fehler, unfähig, mit den schlechten Gewohnheiten zu brechen. Wir wenden uns an die Gemeinschaft, um die Lebensweise zu finden, die wir gerne hätten. Wir fragen unsere Freundinnen und Freunde: »Habt Ihr die Charakterfehler losgelassen?« Fast ausnahmslos lautet die Antwort: »Ja, so gut wir konnten.« Wenn wir sehen, wie unsere Charakterfehler sich in unserem Leben zeigen und sie annehmen, können wir sie loslassen und mit dem neuen Leben fortfahren. Wir lernen, daß wir wachsen werden, wenn wir neue Fehler machen, anstatt die alten zu wiederholen.

Wenn wir den Sechsten Schritt arbeiten, ist es wichtig, uns daran zu erinnern, daß wir nur Menschen sind und daß wir nicht unrealistische Erwartungen an uns stellen sollten. Dies ist ein Schritt der Bereitschaft. Bereitschaft ist das spirituelle Prinzip des Sechsten Schrittes. Der Sechste Schritt hilft uns, uns in eine spirituelle Richtung zu bewegen. Da wir Menschen sind, werden wir vom Kurs abkommen.

Rebellion ist ein Charakterfehler, der uns hier im Wege steht. Wir brauchen nicht das Vertrauen zu verlieren, wenn wir widerspenstig werden. Rebellion kann Gleichgültigkeit oder Intoleranz hervorrufen, die beide durch beständiges Bemühen überwunden werden können. Wir bitten immer wieder um Bereitschaft. Wir mögen daran zweifeln, daß Gott uns erlösen will, oder fürchten, daß etwas schiefgeht. Wir fragen ein anderes Mitglied und bekommen die Antwort: »Du bist genau dort, wo Du sein sollst.« Wir erneuern die Bereitschaft, unsere Fehler von uns nehmen zu lassen. Wir kapitulieren und nehmen die einfachen Vorschläge an, die das Programm zu bieten hat. Auch wenn wir nicht vollständig bereit sind, bewegen wir uns in die richtige Richtung.

Glaube, Demut und Annahme ersetzen schließlich Stolz und Rebellion. Wir lernen uns selbst kennen. Wir erleben, daß wir in ein reifes Bewußtsein hineinwachsen. Während aus Bereitschaft Hoffnung erwächst, beginnen wir uns besser zu fühlen. Vielleicht haben wir zum ersten Mal eine Vorstellung von unserem neuen Leben. Dies vor Augen, setzen wir unsere Bereitschaft in Taten um, indem wir zu Schritt Sieben weitergehen.

Schritt Sieben

»*Demütig baten wir Ihn, uns von diesen Mängeln zu befreien.*«

Charakterfehler oder Mängel sind die Dinge, die während unseres Lebens Schmerz und Elend erzeugen. Würden sie zu unserer Gesundheit und unserem Glück beitragen, so wären wir nicht in eine derart verzweifelte Lage gekommen. Wir mußten bereit werden, damit Gott, wie wir Ihn verstehen, diese Fehler von uns nimmt.

Indem wir uns entschieden haben, daß Gott uns von den unnützen oder zerstörerischen Seiten unserer Persönlichkeit erlösen soll, sind wir am Siebenten Schritt angelangt. Wir selbst konnten mit der Qual unseres Lebens nicht fertigwerden. Erst als wir aus unserem Leben ein regelrechtes Chaos gemacht hatten, erkannten wir, daß wir es alleine nicht schafften. Indem wir dies zugaben, erlangten wir einen Funken von Demut. Dies ist der Hauptbestandteil des Siebenten Schrittes. Demut ist das Ergebnis, das wir erlangen, wenn wir uns selbst gegenüber ehrlich sind. Seit dem Ersten Schritt haben wir Ehrlichkeit geübt. Wir akzeptierten unsere Sucht und unsere Machtlosigkeit. Wir entdeckten eine Kraft, die über unsere hinausgeht, und lernten, uns auf sie zu verlassen. Wir überprüften unser Leben und fanden heraus, wer wir wirklich sind. Wirklich demütig zu sein, bedeutet, uns zu akzeptieren und ehrlich zu versuchen, wir selbst zu sein. Wir sind weder vollkommen gut noch vollkommen schlecht. Wir sind Leute mit Stärken und

Schwächen. Aber vor allen Dingen sind wir Menschen.

Demut ist so wichtig zum Cleanbleiben, wie Nahrung und Wasser, um am Leben zu bleiben. In dem Maße, in dem unsere Krankheit fortschritt, verwendeten wir unsere Energie für die Befriedigung unserer materiellen Wünsche. Alle anderen Bedürfnisse waren außerhalb unserer Reichweite. Wir wollten immer, daß unsere Grundbedürfnisse zufriedengestellt werden.

Der Siebente Schritt ist ein Schritt der Tat, und es ist an der Zeit, Gott um Hilfe und Erleichterung zu bitten. Wir müssen einsehen, daß unsere Art zu denken nicht die einzig mögliche ist; andere Menschen können uns den Weg weisen. Wenn jemand uns auf einen Fehler hinweist, ist unsere erste Reaktion möglicherweise Abwehr. Wir müssen uns klar machen, daß wir nicht vollkommen sind. Es wird immer Raum für Wachstum geben. Wenn wir wirklich frei sein wollen, dann werden wir sorgfältig auf die Hinweise unserer Freunde und Freundinnen aus der Gemeinschaft achten. Wenn die Mängel, die wir entdecken, echt sind, und wir die Möglichkeit haben, sie los zu sein, werden wir uns mit Sicherheit wohler fühlen.

Einige werden den Wunsch haben, für diesen Schritt auf die Knie zu gehen. Andere werden sehr ruhig sein, und wieder andere bringen eine große emotionale Kraft auf, um intensive Bereitschaft an den Tag zu legen. Das Wort demütig wird zurecht gebraucht, denn wir nähern uns dieser Macht, die größer ist als wir, und bitten sie um die Freiheit, ohne die Beschränkungen unserer Vergangenheit zu leben. Viele von uns sind bereit, diesen Schritt vorbehaltlos, allein aus einem blinden Vertrauen heraus, zu arbeiten; denn das, was wir bisher getan und gefühlt haben, haben wir satt. Was immer funktioniert, wir tun es.

Dies ist unser Weg zum spirituellen Wachstum. Wir verändern uns täglich. Allmählich und behutsam bewegen wir uns aus der Isolation und Einsamkeit der

Sucht heraus, hinein in den Hauptstrom des Lebens. Dieses Wachstum ist nicht das Ergebnis eines Wunsches, sondern das Ergebnis von Taten und Gebet. Das Hauptziel des Siebenten Schrittes besteht darin, aus uns selbst herauszugehen und danach zu streben, den Willen unserer Höheren Macht auszuführen.

Wenn wir unachtsam sind und die spirituelle Bedeutung dieses Schrittes nicht begreifen, könnten wir Schwierigkeiten bekommen und alte Probleme erneut auftreten. Eine Gefahr besteht darin, zu hart uns selbst gegenüber zu sein.

Weil wir mit anderen genesenden Süchtigen teilen, fällt es uns leichter, uns nicht mit krankhaftem Ernst zu begegnen. Die Fehler anderer zu akzeptieren, kann uns helfen, demütig zu werden und den Weg zur Erlösung von unseren eigenen Fehlern ebnen. Gott wirkt oft durch diejenigen, die Genesung für so wichtig halten, daß sie uns beim Erkennen unserer Mängel helfen.

Wir haben festgestellt, daß Demut in diesem Programm und in unserem neuen Leben einen großen Platz einnimmt. Wir machen Inventur; wir werden bereit dafür, daß Gott unsere Charakterfehler von uns nimmt; wir bitten Ihn demütig, unsere Mängel von uns zu nehmen. Dies ist unser Weg zum spirituellen Wachstum, und wir wollen ihn weitergehen. Wir sind bereit für den Achten Schritt.

Schritt Acht

»Wir machten eine Liste aller Personen, denen wir Schaden zugefügt hatten, und wurden bereit, ihn bei allen wiedergutzumachen.«

Der Achte Schritt ist die Probe für unsere neugefundene Demut. Unsere Absicht ist es, uns von der Schuld, die wir mit uns herumgetragen haben, zu befreien. Wir möchten der Welt weder mit Aggressivität noch mit Angst ins Auge blicken.

Sind wir bereit, eine Liste all der Personen zu erstellen, denen wir Schaden zugefügt haben, um die Angst und die Schuld zu beseitigen, die unsere Vergangenheit für uns beinhaltet? Aus Erfahrung wissen wir, daß wir bereit werden müssen, bevor dieser Schritt eine Wirkung haben kann.

Der Achte Schritt ist nicht leicht; er erfordert eine neue Art von Ehrlichkeit in unseren Beziehungen zu anderen Menschen. Der Achte Schritt löst den Prozeß der Vergebung aus: Wir vergeben anderen; möglicherweise wird auch uns vergeben; schließlich vergeben wir uns selbst und lernen, in dieser Welt zu leben. An diesem Schritt angekommen, sind wir bereit, eher zu verstehen, als verstanden zu werden. Es fällt uns leichter zu leben und leben zu lassen, wenn wir die Bereiche kennen, in denen wir Wiedergutmachung zu leisten haben. Zunächst erscheint dies hart, wenn wir es aber einmal hinter uns gebracht haben, werden wir uns fragen, wieso wir es nicht schon längst getan haben.

Wir brauchen ein ganzes Stück Ehrlichkeit, bevor wir eine genaue Liste erstellen können. Wenn wir uns anschicken, die

Liste des Achten Schrittes zu machen, ist es hilfreich zu definieren, was Schaden bedeutet. Mögliche Definitionen von Schaden sind: körperliche oder seelische Verletzung sowie das Zufügen von Schmerz, Leid oder Verlust. Schaden kann durch etwas verursacht werden, das gesagt, getan oder auch nicht getan wird. Schaden kann aus Worten oder Handlungen entstehen, die beabsichtigt oder auch unbeabsichtigt sein können. Die Schadensskala reicht vom Vermitteln eines geistigen Unbehagens über körperliche Versehrtheit, sogar bis hin zum Tod.

Der Achte Schritt offenbart uns ein Problem. Viele von uns haben Schwierigkeiten einzugestehen, daß sie anderen Schaden zugefügt haben, weil sie dachten, Opfer ihrer Sucht zu sein. Diese Denkweise zu vermeiden, ist für den Achten Schritt von entscheidender Bedeutung. Wir müssen das, was uns angetan wurde, von dem trennen, was wir anderen angetan haben. Wir entledigen uns unserer Rechtfertigungen und Vorstellungen, ein Opfer zu sein. Oft haben wir den Eindruck, daß wir nur uns selbst geschadet haben, dennoch setzen wir meistens unseren Namen als letzten auf die Liste, wenn überhaupt. Dieser Schritt bedeutet, die Fußarbeit zu machen, um die Schäden in unserem Leben zu beheben.

Wir werden nicht zu besseren Menschen, wenn wir die Fehler anderer bewerten. Wir werden uns wohler fühlen, indem wir uns von der Schuld befreien und so Ordnung in unser Leben bringen. Durch das Schreiben unserer Liste können wir nicht länger leugnen, daß wir Schaden verursacht haben. Wir geben zu, durch Taten, Lügen, nicht gehaltene Versprechen oder Vernachlässigung andere direkt oder indirekt verletzt zu haben.

Wir erstellen unsere Liste oder benutzen die des Vierten Schrittes und fügen weitere Personen hinzu, die uns einfallen. Wir setzen uns ehrlich mit dieser Liste auseinander und prüfen vorbehaltlos unsere Fehler, damit wir zur Wiedergutmachung bereit werden können.

Manchmal kennen wir die Leute nicht, denen wir Schaden zugefügt haben. Während wir Drogen nahmen, waren alle, mit denen wir in Kontakt kamen, einem Risiko ausgesetzt. Viele NA-Freundinnen und -Freunde erwähnen ihre Eltern, Ehepartner, Kinder, Freunde, Freundinnen, Liebesbeziehungen, andere Süchtige, vorübergehende Bekanntschaften, Kolleginnen, Angestellte, Lehrer, Vermieterinnen und völlig fremde Personen. Wir können auch uns auf die Liste setzen, da wir, während wir Drogen nahmen, uns langsam selbst umbrachten. Es könnte hilfreich für uns sein, gesondert eine Liste mit den Namen der Leute zu erstellen, denen wir finanzielle Wiedergutmachungen schulden.

Wie mit jedem anderen Schritt müssen wir auch hier gründlich sein. Die meisten von uns neigen dazu, in diesem Schritt eher zuwenig als zuviel zu tun. Gleichzeitig können wir aber die Vollendung dieses Schrittes nicht einfach aufschieben, nur weil wir nicht sicher sind, ob unsere Liste vollständig ist. Wir sind niemals fertig.

Die entscheidende Schwierigkeit beim Arbeiten des Achten Schrittes ist, ihn vom Neunten zu trennen. Vorstellungen und Pläne davon, wie wir tatsächlich Wiedergutmachung leisten, können ein großes Hindernis darstellen, sowohl für das Erstellen der Liste, als auch für das Bereitwerden. Wir machen diesen Schritt so, als gäbe es keinen Neunten Schritt. Wir denken noch nicht einmal daran, Wiedergutmachung zu leisten, sondern konzentrieren uns genau auf das, was der Achte Schritt besagt: Erstelle eine Liste und werde bereit. Was dieser Schritt hauptsächlich für uns bewirkt ist, uns zu helfen, ein Bewußtsein dafür zu entwickeln, daß wir allmählich neue Einstellungen uns selbst gegenüber und in unserem Umgang mit anderen Menschen gewinnen.

Die Verwirrung, die wir möglicherweise beim Erstellen dieser Liste haben, kann von uns genommen werden, wenn wir anderen beim Teilen ihrer Erfahrungen zu diesem Schritt sorgfältig zuhören. Auch unsere Sponsoren und Sponsorinnen können mit uns teilen, wie der Achte Schritt für sie funktionierte. Wir können uns die Erfahrung der Gruppe zunutze machen, wenn wir während des Meetings eine Frage stellen.

Der Achte Schritt bietet eine große Veränderung für ein von Schuld und Reue beherrschtes Leben. Unsere Zukunft wird verändert, weil wir den Menschen nicht aus dem Weg gehen müssen, denen wir Schaden zugefügt haben. Als Ergebnis dieses Schrittes erhalten wir eine neue Freiheit, die unsere Isolation beenden kann. Während wir unser Bedürfnis nach Vergebung erkennen, werden wir bereit, selbst zu vergeben. Zumindest wissen wir, daß wir nicht länger absichtlich anderen das Leben schwer machen.

Der Achte Schritt ist ein Schritt der Tat. Wie alle anderen Schritte bietet auch er einen sofortigen Nutzen. Nun sind wir in der Lage, unsere Wiedergutmachungen im Neunten Schritt zu beginnen.

Schritt Neun

»*Wir machten bei diesen Menschen alles wieder gut, wo immer es möglich war, es sei denn, wir hätten dadurch sie oder andere verletzt.*«

Dieser Schritt sollte nicht unterlassen werden. Tun wir dies, so halten wir uns in unserem Programm einen Platz für einen Rückfall frei. Stolz, Angst und Zaudern erscheinen oft als unüberwindliche Barriere; sie stehen Fortschritt und Wachstum im Wege. Es ist wichtig zu handeln und bereit zu sein, die Reaktionen der Menschen, denen wir Schaden zugefügt haben, anzunehmen. Wir leisten, so gut wir können, Wiedergutmachung.

Den richtigen Zeitpunkt zu wählen, ist ein wesentlicher Teil dieses Schrittes. Wir sollten dann wiedergutmachen, wenn sich die Gelegenheit dazu anbietet, es sei denn, es würden dadurch noch weitere Verletzungen entstehen. Zuweilen können wir wirklich keine Wiedergutmachung leisten; es ist weder möglich noch durchführbar.

Es gibt auch Fälle, in denen eine Wiedergutmachung jenseits unserer Möglichkeiten liegt. Wir finden, daß Bereitschaft dort an die Stelle des Handelns treten kann, wo wir die Person, der wir Schaden zugefügt haben, nicht aufsuchen können. Niemals jedoch sollten uns Verlegenheit, Angst oder Zaudern davon abhalten, mit jemand in Verbindung zu treten.

Wir wollen von unserer Schuld befreit werden, doch möchten wir dies nicht auf Kosten anderer. Es besteht die Gefahr, daß wir Dritte oder Freunde aus unserer Zeit, in der wir Drogen nahmen, in etwas verwickeln, dem sie sich nicht aussetzen wollen. Wir haben nicht das Recht, noch besteht die Notwendigkeit, andere in Gefahr zu bringen. Oft ist es in dieser Sache nötig, bei anderen Rat einzuholen.

Wir empfehlen, unsere rechtlichen Probleme an Rechtsanwälte und unsere finanziellen oder medizinischen Probleme an Fachleute zu übergeben. Teil des Lernprozesses, um erfolgreich zu leben, ist zu erkennen, wann wir Hilfe brauchen.

Manche alten Beziehungen können noch einen ungelösten Konflikt in sich bergen. Indem wir Wiedergutmachung leisten, tragen wir unseren Teil zur Lösung alter Konflikte bei. Wir möchten von weiteren Feindseligkeiten und anhaltendem Groll loskommen. In vielen Fällen können wir nur auf die entsprechenden Menschen zugehen und sie demütig um Verständnis für begangenes Unrecht bitten. Zuweilen ist dies eine freudige Gelegenheit, bei der alte Freundinnen, Freunde oder Verwandte ihre Bereitschaft bekunden, ihre Bitterkeit aufzugeben. Es kann gefährlich sein, Leute aufzusuchen, die noch immer unter den Schmerzen leiden, die wir ihnen zugefügt haben. Eine indirekte Wiedergutmachung kann dort erforderlich sein, wo eine direkte Wiedergutmachung gefährlich wäre oder andere in Gefahr brächte. Wir leisten Wiedergutmachung, so gut wir dies vermögen. Wir versuchen, uns in Erinnerung zu rufen, daß wir, wenn wir Wiedergutmachung leisten, dies für uns tun. Statt uns schuldig und reumütig zu fühlen, spüren wir im Hinblick auf unsere Vergangenheit ein Gefühl der Erleichterung.

Wir akzeptieren, daß es unsere Handlungen waren, die unsere negative Einstellung verursachten. Der Neunte Schritt hilft uns mit unserer Schuld und hilft auch anderen mit ihrem Zorn. Clean zu bleiben ist manchmal die einzige Wiedergutmachung, die wir leisten können. Dies schulden wir uns selbst und denjenigen, die wir lieben. Wir schaffen nicht länger Probleme in der Gesellschaft als Ergebnis unseres Drogengebrauchs. Etwas zur Gesellschaft beizutragen ist manchmal der einzige Weg, Wiedergutmachung zu leisten. Jetzt helfen wir uns und anderen Süchtigen zu genesen. Dies ist eine enorme Wiedergutmachung an der Allgemeinheit.

Im Verlauf unserer Genesung wird unsere geistige Gesundheit wiederhergestellt, und ein Teil dieser geistigen Gesundheit ist, tatsächlich in Beziehung zu anderen Menschen zu treten. Wir sehen die Menschen nicht mehr so oft als Bedrohung unserer Sicherheit. Eine wirkliche Sicherheit ersetzt den körperlichen Schmerz und die geistige Verwirrung, die wir in der Vergangenheit erfahren haben. Wir gehen auf diejenigen, denen wir Schaden zugefügt haben, mit Demut und Geduld zu. Viele von denjenigen, die uns ernsthaft eine Besserung wünschen, werden unsere Genesung nur zögernd akzeptieren. Wir müssen uns den Schmerz, den sie erfahren haben, ins Gedächtnis rufen. Mit der Zeit geschehen viele Wunder. Viele von uns, die von ihren Familien getrennt waren, konnten erneut Verbindung zu ihnen herstellen. Schließlich wird es für sie einfacher, die Wandlung in uns zu akzeptieren. Cleanzeiten sprechen für sich selbst. Geduld ist ein wichtiger Bestandteil unserer Genesung. Die bedingungslose Liebe, welche wir erfahren, erneuert unseren Lebenswillen, und aus jeder positiven Regung unsererseits entsteht eine unverhoffte Gelegenheit. Wiedergutmachung leisten erfordert viel Mut und Vertrauen, und ein großes geistiges Wachstum entsteht daraus.

Wir erlangen Freiheit von unserer gescheiterten Vergangenheit. Wir möchten unser Haus in Ordnung halten, indem wir unsere persönliche Inventur im Zehnten Schritt fortsetzen.

Schritt Zehn

»*Wir setzten die persönliche Inventur fort, und wenn wir Fehler machten, gaben wir sie sofort zu.*«

Der Zehnte Schritt befreit uns von den Trümmern unserer Gegenwart. Wenn wir unsere Fehler nicht weiterhin im Auge behalten, können sie uns in eine Ecke drängen, aus der wir nicht mehr clean herauskommen.

Eines der ersten Dinge, die wir bei Narcotics Anonymous lernen, ist: nehmen wir Drogen, verlieren wir. Ebenso werden wir nicht soviel Schmerz erfahren, wenn wir die Dinge vermeiden, die uns Schmerz bereiten. Die persönliche Inventur fortsetzen heißt, uns anzugewöhnen, regelmäßig uns selbst, unsere Handlungen, Beziehungen und unser Verhalten anzuschauen.

Wir sind Gewohnheitstiere, und damit für unsere alten Denk- und Reaktionsweisen anfällig. Zuweilen scheint es einfacher, die eingefahrene Spur der Selbstzerstörung weiter zu verfolgen, als eine neue und scheinbar gefährliche Wegstrecke auszuprobieren. Wir müssen nicht in unseren alten Mustern gefangen bleiben. Heute haben wir die Wahl.

Der Zehnte Schritt kann uns dabei helfen, unsere Lebensprobleme zu lösen und ihr erneutes Auftreten verhindern. Wir betrachten, wie wir während des Tages gehandelt haben. Manche von uns schreiben über ihre Gefühle. Sie setzen sich damit auseinander, wie sie sich fühlten und welchen Anteil sie möglicherweise an aufgetretenen Problemen hatten. Haben wir irgendeiner Person Schaden zugefügt? Müssen wir zugeben, daß wir Fehler gemacht haben? Wenn wir auf Schwierigkeiten stoßen, bemühen wir uns, sie in Ordnung zu bringen. Tun wir dies nicht, so plagen sie uns weiter.

Dieser Schritt kann ein Schutz gegen den alten Wahnsinn sein. Wir können uns fragen, ob wir gerade in die alten Muster von Wut, Groll und Angst hineingezogen werden. Fühlen wir uns in die Enge getrieben? Sind wir gerade dabei, uns in Schwierigkeiten zu bringen? Sind wir zu hungrig, zornig, einsam oder müde? Nehmen wir uns zu ernst? Beurteilen wir unser Inneres nach dem Äußeren von anderen? Leiden wir an einem körperlichen Problem? Die Antworten auf diese Fragen können uns helfen, mit den jetzigen Schwierigkeiten fertig zu werden. Wir brauchen nicht länger mit dem Gefühl zu leben, ein Loch im Bauch zu haben. Viele unserer größten Sorgen und Schwierigkeiten entstehen aus unserer Unerfahrenheit mit dem drogenfreien Leben. Wenn wir ein »altes« NA-Mitglied fragen, was wir tun sollen, sind wir oft über die Einfachheit der Antwort erstaunt.

Der Zehnte Schritt kann ein Druckausgleichsventil sein. Wir arbeiten diesen Schritt, während die Hochs und Tiefs des

Tages uns noch frisch in Erinnerung sind. Wir führen auf, was wir getan haben, und versuchen, unser Handeln nicht vernunftmäßig zu erklären. Das kann am Ende des Tages schriftlich gemacht werden. Das erste, was wir tun, ist innehalten! Dann nehmen wir uns die Zeit, um uns den Vorzug zu gönnen, nachzudenken. Wir untersuchen unsere Aktionen, Reaktionen und Motive. Oft stellen wir fest, daß wir besser handelten, als wir uns fühlten. Dies erlaubt uns, unser Handeln zu prüfen und Fehler einzugestehen, bevor sich die Dinge zum Schlechteren entwickeln. Wir müssen vernunftmäßige Ausreden vermeiden. Wir geben unsere Fehler sofort zu und erklären sie nicht.

Wir arbeiten stetig diesen Schritt. Dies ist eine vorbeugende Maßnahme. Je mehr wir diesen Schritt arbeiten, desto weniger benötigen wir den berichtigenden Teil dieses Schrittes. Dieser Schritt ist ein großes Hilfsmittel gegen Leid, noch bevor es von uns Besitz ergreift. Wir überwachen unsere Gefühle, Regungen, Phantasien und

Taten. Indem wir uns ständig beobachten, sind wir in der Lage, die Handlungen nicht zu wiederholen, durch die es uns schlecht ging.

Wir brauchen diesen Schritt auch dann, wenn wir uns gut fühlen und die Dinge gut laufen. Gute Gefühle sind neu für uns, wir müssen sie pflegen. In schlechten Zeiten können wir ausprobieren, was in guten Zeiten funktionierte. Wir haben ein Recht darauf, uns gut zu fühlen. Wir haben die Wahl. Gute Zeiten können auch eine Falle sein; die Gefahr besteht darin, daß wir vergessen, daß unser vorrangiges Ziel ist, clean zu bleiben. Für uns ist Genesung mehr als nur Vergnügen.

Wir dürfen nicht vergessen, daß alle Fehler machen. Wir werden niemals perfekt sein. Dennoch können wir uns selbst akzeptieren, wenn wir den Zehnten Schritt anwenden. Indem wir weiterhin unsere persönliche Inventur machen, werden wir hier und jetzt von uns selbst und unserer Vergangenheit befreit. Wir rechtfertigen nicht länger unser Dasein. Dieser Schritt erlaubt uns, wir selbst zu sein.

Schritt Elf

»Wir suchten durch Gebet und Meditation die bewußte Verbindung zu Gott, wie wir Ihn verstanden, zu vertiefen. Wir baten Ihn nur, uns seinen Willen erkennbar werden zu lassen und uns die Kraft zu geben, ihn auszuführen.«

Die ersten zehn Schritte haben den Boden bereitet, um unseren bewußten Kontakt mit Gott, wie wir Ihn verstehen, zu verbessern. Sie geben uns die Grundlage, um unsere lang gesuchten positiven Ziele zu erreichen. Nachdem wir durch Anwenden der ersten zehn Schritte diese Phase unseres spirituellen Programmes erreicht haben, begrüßen die meisten von uns das Praktizieren von Gebet und Meditation. Unsere spirituelle Verfassung ist die Grundlage für eine erfolgreiche Genesung, die uneingeschränktes Wachstum bietet.

Viele von uns beginnen wirklich, ihre Genesung zu schätzen, wenn sie am Elften Schritt angelangt sind. Unser Leben bekommt einen tieferen Sinn. Indem wir die Kontrolle aufgeben, erhalten wir eine weitaus größere Macht.

Die Art unseres Glaubens wird das Wesen unseres Gebets und unserer Meditation bestimmen. Wir müssen nur sicher gehen, daß wir ein Glaubenssystem haben, das für uns funktioniert. In Genesung zählen Ergebnisse. Wie schon an anderer Stelle erwähnt, schienen unsere Gebete für uns zu funktionieren, sobald wir in das Programm von Narcotics Anonymous kamen und vor unserer Krankheit kapitulierten. Die bewußte Verbindung, die in diesem Schritt beschrieben wird, ist das unmittelbare Ergebnis des Lebens der Schritte. Wir benutzen diesen Schritt, um unsere spirituelle Verfassung zu verbessern und zu erhalten.

Als wir am Anfang in das Programm kamen, erhielten wir Hilfe von einer Macht, größer als wir selbst. Dies wurde in Gang gesetzt, indem wir uns dem Programm ergaben. Ziel des Elften Schrittes ist, unser Bewußtsein von dieser Macht zu vergrößern und unsere Fähigkeit zu verbessern, sie als Quelle der Kraft in unserem neuen Leben zu nutzen.

Je mehr wir unsere bewußte Verbindung zu unserem Gott durch Gebet und Meditation verbessern, umso leichter fällt es uns zu sagen: »Dein Wille geschehe, nicht der meine.« Wenn wir sie brauchen, können wir um Gottes Hilfe bitten, und unser Leben wird besser. Erfahrungen von Meditation und persönlichem religiösen Glauben, über die einige Menschen reden, treffen nicht immer auf uns zu. Unser Programm ist spirituell, nicht religiös. Vor dem Erreichen des Elften Schrittes wurden Charakterfehler, die uns in der Vergangenheit Probleme bereiteten, durch das Arbeiten der vorangehenden zehn Schritte angegangen. Das Bild der Person, die wir gerne sein möchten, ist ein flüchtiger Schimmer von Gottes Willen für uns. Oft ist unsere Sicht so begrenzt, daß wir nur unsere unmittelbaren Wünsche und Bedürfnisse erkennen können.

Es ist leicht, in unsere alten Verhaltensweisen zurückzufallen. Um unser Wachstum und unsere fortschreitende Genesung sicherzustellen, müssen wir lernen, unser Leben auf eine solide spirituelle Grundlage zu stellen. Gott wird uns Seine Güte nicht aufdrängen, aber wir werden sie erhalten, wenn wir darum bitten. Gewöhnlich fühlen wir, daß irgend etwas im Moment anders ist, doch erkennen wir die Veränderung in unserem Leben erst später. Wenn wir schließlich unsere egoistischen Motive aus dem Weg geschafft haben, beginnen wir einen Frieden zu finden, den wir niemals für vorstellbar hielten. Aufgezwungene moralische Grundsätze entbehren der Kraft, die wir erhalten, wenn wir ein spirituelles Leben wählen. Die meisten von uns beten, wenn sie Schmerzen haben. Wir lernen, daß wir nicht so oft oder so intensiv Schmerzen haben, wenn wir regelmäßig beten.

Außerhalb von Narcotics Anonymous gibt es eine Vielzahl verschiedener Gruppen, die Meditation praktizieren. Beinahe jede dieser Gruppen ist mit einer bestimmten Religion oder Philosophie verbunden. Die Empfehlung irgendeiner dieser Methoden wäre eine Verletzung unserer Traditionen und eine Beeinträchtigung des Rechts der einzelnen auf einen Gott nach ihrem eigenen Verständnis. Meditation ermöglicht es, uns spirituell auf eigene Weise zu entwickeln. Einige der Dinge, die für uns in der Vergangenheit nicht funktionierten, könnten heute funktionieren. Mit neuem Blick betrachten wir jeden Tag und treten ihm mit Offenheit entgegen. Wir wissen, wenn wir um den Willen Gottes beten, werden wir das erhalten, was für uns das Beste ist, unabhängig davon, was wir denken. Dieses Wissen beruht auf unserem Glauben und unserer Erfahrung als genesende Süchtige.

Gebet bedeutet, unsere Sorgen einer Macht, größer als wir selbst, mitzuteilen. Wenn wir beten, geschieht manchmal etwas Bemerkenswertes; wir entdecken Mittel, Wege und Kräfte, um Aufgaben zu erfüllen, die weit außerhalb unserer Fähigkeiten liegen. Wir erfassen die grenzenlose Kraft, die uns durch unser tägliches Gebet und unsere Kapitulation zur Verfügung steht, solange wir unseren Glauben bewahren und erneuern.

Für einige heißt beten, um Gottes Hilfe zu bitten; Meditation bedeutet, Gottes Antwort zu erfahren. Wir lernen, vorsichtig zu sein, für bestimmte Dinge zu beten. Wir beten, daß Gott uns Seinen Willen zu erkennen gibt, und daß Er uns hilft, ihn auszuführen. In manchen Fällen macht Er uns Seinen Willen so offenbar, daß wir ihn leicht erkennen können. In anderen Fällen ist unser Ego so auf sich selbst konzentriert, daß wir Gottes Willen erst nach einem weiteren Kampf und einer nochmaligen Kapitulation annehmen. Wenn wir Gott bitten, alle verwirrenden Einflüsse von uns zu nehmen, wird sich die Qualität unseres Gebets erhöhen, und wir fühlen den Unterschied. Gebet erfordert Praxis, und wir sollten nicht vergessen, daß geschickte Menschen nicht mit ihren Fertigkeiten geboren wurden. Sie mußten viele Mühe darauf verwenden, sie zu entwickeln. Durch das Gebet suchen wir die bewußte Verbindung zu unserem Gott. In der Meditation erreichen wir diese Verbindung, und der Elfte Schritt hilft uns dabei, sie aufrechtzuerhalten.

Es mag sein, daß wir viele Religionen und meditative Richtungen kennengelernt haben, bevor wir zu Narcotics Anonymous kamen. Einige von uns waren durch diese Praktiken zerstört und völlig verwirrt. Wir waren sicher, daß es Gottes Wille war, daß wir Drogen nahmen, um ein höheres Bewußtsein zu erlangen. Viele von uns befanden sich als Ergebnis dieser Praktiken in einem sehr seltsamen Zustand. Niemals verdächtigten wir die schädliche Auswirkung unserer Sucht als Wurzel unserer Schwierigkeiten und verfolgten bis zum Schluß jeden Weg, der Hoffnung versprach.

In stillen Augenblicken der Meditation kann Gottes Wille für uns offensichtlich werden. Die Beruhigung des Geistes durch Meditation schafft einen inneren Frieden, der uns mit dem Gott in uns in Verbindung bringt. Eine grundlegende Tatsache von Meditation ist, daß es schwierig, wenn nicht gar unmöglich ist, eine bewußte Verbindung herzustellen, es sei denn, unser Geist ist ruhig. Die übliche, nicht endenwollende Aufeinanderfolge von Gedanken muß aufhören, wenn Fortschritt gemacht werden soll. Daher zielt unsere Vorübung darauf ab, den Geist zu beruhigen und auftauchende Gedanken eines »natürlichen Todes« sterben zu lassen. Sobald der Meditationsteil des Elften Schrittes für uns Wirklichkeit wird, lassen wir unsere Gedanken hinter uns.

Emotionale Ausgeglichenheit ist eines der ersten Ergebnisse der Meditation; unsere Erfahrung bekräftigt dies. Einige von uns kamen gebrochen in das Programm und saßen eine Zeitlang herum, nur um Gott oder Erlösung in dem einen oder anderen religiösen Kult zu finden. Es ist einfach, auf einer Wolke religiösen Eifers aus der Tür zu schweben und dabei zu vergessen, daß wir Süchtige mit einer unheilbaren Krankheit sind.

Es wird gesagt, wenn Meditation Wert haben soll, müssen sich Ergebnisse in unserem täglichen Leben zeigen. Diese Tatsache ist im Elften Schritt enthalten: »...uns Seinen Willen erkennbar werden zu lassen und uns die Kraft zu geben, ihn auszuführen.« Für diejenigen von uns, die nicht beten, ist Meditation der einzige Weg, um diesen Schritt zu arbeiten.

Wir beten, weil dies uns Frieden gibt und unser Vertrauen und unseren Mut wiederherstellt. Es hilft uns, ein Leben frei von Angst und Mißtrauen zu führen. Wenn wir unsere egoistischen Motive ablegen und um Führung beten, erfahren wir Frieden und Gelassenheit. Wir beginnen, ein Bewußtsein und Einfühlungsvermögen für andere Menschen zu erfahren, etwas, das vor dem Arbeiten dieses Schrittes nicht möglich war.

Während wir unsere persönliche Verbindung zu Gott suchen, beginnen wir, uns wie eine Blume in der Sonne zu öffnen. Wir fangen an zu begreifen, daß Gottes Liebe immer schon da war und nur darauf wartete, von uns angenommen zu werden. Wir machen die Fußarbeit und nehmen das an, was uns aus freien Stücken täglich gegeben wird. Wir stellen fest, daß es einfacher für uns wird, auf Gott zu vertrauen.

Wenn wir am Anfang in das Programm kommen, wollen wir gewöhnlich viele Dinge haben, die wichtige Bedürfnisse und Notwendigkeiten zu sein scheinen. Indem wir spirituell wachsen und eine Macht, größer als wir selbst, finden, erkennen wir, daß unsere Schwierigkeiten im Leben sich auf ein erträgliches Maß reduzieren, solange unsere spirituellen Bedürfnisse befriedigt werden. Wenn wir vergessen, wo unsere wahre Kraft liegt, werden wir leicht wieder den gleichen Denk- und Verhaltensmustern erliegen, die uns ursprünglich in das Programm brachten. Schließlich bestimmen wir unseren Glauben und unser Verständnis neu, bis wir den Punkt erreichen, an dem wir feststellen, daß unser größtes Verlangen darin liegt, Gottes Willen für uns zu erkennen und die Kraft zu haben, ihn auszuführen. Wir sind in der Lage, einige unserer persönlichen Vorlieben beiseite zu stellen, denn wir erkennen, daß Gottes Wille für uns aus den Dingen besteht, die wir am meisten schätzen. Gottes Wille für uns wird zu unserem eigenen wahren Willen. Dies geschieht intuitiv und kann nicht hinreichend in Worten wiedergeben werden.

Wir werden bereit, andere Menschen so zu lassen, wie sie sind, ohne daß wir über sie richten müssen. Die Dringlichkeit, alles auf die Reihe bringen zu müssen, ist nicht mehr da. Am Anfang war es uns nicht möglich zu erfassen, was Annahme bedeutet; heute können wir es.

Wir wissen, was auch immer der Tag uns bringt: Gott hat uns alles gegeben, was wir für unser geistiges Wohl brauchen. Es ist in Ordnung für uns, Machtlosigkeit zuzugeben, denn Gott ist mächtig genug, uns dabei zu helfen, clean zu bleiben und uns an unserem spirituellen Fortschritt zu erfreuen. Gott hilft uns, unser Haus in Ordnung zu bringen.

Wir fangen an, klarer zu erkennen, was wirklich ist. Durch ständigen Kontakt zu unserer Höheren Macht finden wir die Antworten, die wir suchen. Wir erlangen die Fähigkeit, das zu tun, was wir früher nicht konnten. Wir respektieren den Glauben anderer. Wir ermutigen Dich, Kraft und Führung gemäß Deinem Glauben zu suchen.

Wir sind dankbar für diesen Schritt, denn wir fangen an zu bekommen, was für uns das beste ist. Manchmal beteten wir um die Erfüllung unserer Wünsche und saßen in dem Augenblick in der Falle, in dem sie erfüllt wurden. Wir konnten beten und etwas erhalten, dann mußten wir darum bitten, daß es von uns genommen wird, da wir damit nicht umgehen konnten.

Wir können zuversichtlich den Elften Schritt als Leitfaden unseres täglichen Programms benutzen, da wir die Kraft der Gebete und die Verantwortung, die das Gebet mit sich bringt, erfahren haben.

Wir beginnen, nur um Gottes Willen für uns zu beten. Auf diese Weise erhalten wir nur das, womit wir auch umgehen können. Wir sind in der Lage, darauf zu reagieren und damit zurechtzukommen, weil Gott uns hilft, uns darauf vorzubereiten. Einige von uns benutzen einfach ihre eigenen Worte, um Gott für seine Gnade zu danken.

Mit einer Haltung der Kapitulation und Demut nähern wir uns diesem Schritt wieder und wieder, um die Gabe der Erkenntnis und der Kraft durch Gott, wie wir ihn verstehen, zu erhalten. Der Zehnte Schritt räumt die Fehler der Gegenwart aus dem Weg, so daß wir den Elften Schritt arbeiten können. Ohne diesen Schritt ist es kaum wahrscheinlich, daß wir ein spirituelles Erwachen erfahren und spirituelle Prinzipien in unserem Leben anwenden oder eine ausreichende Botschaft weitertragen können, um andere für Genesung zu interessieren. Es gibt ein spirituelles Prinzip, das weiterzugeben, was uns in Narcotics Anonymous gegeben wurde, um es uns zu erhalten. Indem wir anderen helfen, clean zu bleiben, genießen wir die Vorzüge des spirituellen Reichtums, den wir erlangt haben. Wir müssen das, was uns freizügig und dankbar gegeben wurde, ebenso freizügig und dankbar weitergeben.

Schritt Zwölf

»Nachdem wir als Ergebnis dieser Schritte ein spirituelles Erwachen erlebt hatten, versuchten wir, diese Botschaft an andere Süchtige weiterzugeben und unser tägliches Leben nach diesen Prinzipien auszurichten.«

Wir kamen zu Narcotics Anonymous, weil unsere Vergangenheit in Trümmern lag. Das letzte, was wir erwarteten, war ein spirituelles Erwachen. Wir wollten nur, daß der Schmerz aufhört.

Die Schritte führen zu einem Erwachen spiritueller Art. Dieses Erwachen wird sichtbar durch die Veränderungen in unserem Leben. Diese Veränderungen verbessern unsere Fähigkeit, nach spirituellen

Prinzipien zu leben und unsere Botschaft von Genesung und Hoffnung an Süchtige, die noch leiden, weiterzugeben. Die Botschaft ist jedoch ohne Bedeutung, wenn wir sie nicht *leben*. Indem wir die Botschaft leben, geben wir ihr durch unser Leben und unsere Taten mehr Bedeutung, als Worte und Literatur dies jemals könnten.

Der Gedanke des spirituellen Erwachens nimmt in den verschiedenen Persönlichkeiten, die wir in der Gemeinschaft finden, die unterschiedlichsten Formen an. Jedoch haben alle spirituellen Erwachen etwas gemeinsames. Diese Gemeinsamkeiten beinhalten ein Ende der Einsamkeit und ein Gefühl für die Richtung unseres Lebens. Viele von uns glauben, daß ein spirituelles Erwachen bedeutungslos ist, wenn es nicht von einem wachsenden geistigen Frieden und einer Fürsorge für andere begleitet wird. Um den geistigen Frieden zu bewahren, bemühen wir uns, im Hier und Jetzt zu leben.

Diejenigen von uns, die diese Schritte, so gut sie konnten, gearbeitet haben, zogen viel Nutzen daraus. Wir glauben, daß dieser Nutzen ein unmittelbares Ergebnis davon ist, dieses Programm zu leben.

Wenn wir anfangen, die Befreiung von unserer Sucht zu genießen, laufen wir Gefahr, die Kontrolle über unser Leben wieder an uns zu nehmen. Wir vergessen die Qual und den Schmerz, die wir erfahren haben. Als wir Drogen nahmen, kontrollierte unsere Krankheit unser Leben. Sie ist bereit und wartet darauf, wieder die Macht zu übernehmen. Schnell vergessen wir, daß alle unsere vergangenen Anstrengungen, unser Leben in den Griff zu bekommen, fehlschlugen.

Inzwischen erkennen die meisten von uns, daß der einzige Weg zu bewahren, was uns gegeben wurde, darin besteht, dieses Geschenk des neuen Lebens mit den noch leidenden Süchtigen zu teilen. Dies ist die beste Absicherung gegen den Rückfall in das qualvolle Dasein des Nehmens. Wir nennen es die Botschaft weitergeben und tun dies auf vielerlei Art.

Im Zwölften Schritt praktizieren wir das spirituelle Prinzip, die NA-Botschaft der Genesung weiterzugeben, um sie zu bewahren. Sogar ein Mitglied mit einem Tag in der NA-Gemeinschaft kann die Botschaft weitergeben, daß dieses Programm funktioniert.

Wenn wir mit Neuen teilen, können wir darum bitten, als spirituelles Instrument unserer Höheren Macht benutzt zu werden. Wir erheben uns nicht zu Göttern. Wir bitten oft um die Hilfe einer oder eines anderen genesenden Süchtigen, wenn wir mit einem Neuankömmling teilen. Es ist ein Privileg, auf einen Hilferuf einzugehen. Wir, die wir in den Abgründen der Verzweiflung waren, sind froh, anderen bei ihrer Genesung helfen zu können.

Wir helfen den Neuankömmlingen, die Prinzipien von Narcotics Anonymous zu lernen. Wir versuchen, ihnen das Gefühl zu geben, willkommen zu sein und helfen ihnen zu lernen, was das Programm anzubieten hat. Wir teilen unsere Erfahrung, Kraft und Hoffnung. Wir begleiten Neuankömmlinge ins Meeting, wann immer dies möglich ist.

Der selbstlose Dienst dieser Arbeit ist das eigentliche Prinzip des Zwölften Schrittes. Wir erhielten unsere Genesung von dem Gott unseres Verständnisses. Wir machen uns zu seinem Werkzeug, um die Genesung mit jenen zu teilen, die sie suchen. Die meisten von uns lernen, daß wir unsere Botschaft nur an diejenigen weitergeben können, die um Hilfe bitten. Um Süchtige zu bewegen, Hilfe zu suchen, genügt manchmal allein die Kraft des Beispiels als Botschaft. Es kann sein, daß Süchtige leiden, jedoch nicht bereit sind, um Hilfe zu bitten. Wir können uns diesen Leuten zur Verfügung stellen, damit, wenn sie darum bitten, jemand da ist.

Lernen, anderen zu helfen, ist ein Gewinn, der uns durch das Narcotics Anonymous Programm zugute kommt. Es ist bemerkenswert, daß das Arbeiten der Zwölf Schritte uns aus Demütigung und Verzweiflung herausführt und uns zum Werkzeug unserer Höheren Macht werden läßt. Uns ist die Fähigkeit gegeben, Süchtigen zu helfen, wenn niemand anderes es vermag. Wir sehen, daß dies täglich zwischen uns geschieht. Dieser wunderbare Wandel ist der Beweis spirituellen Erwachens. Wir teilen aus unserer eigenen persönlichen Erfahrung heraus, wie es für uns war. Die Versuchung, Ratschläge zu geben, ist groß; wenn wir dies tun, verlieren wir die Achtung der Neuankömmlinge. Dies trübt unsere Botschaft. Eine einfache, ehrliche Botschaft der Genesung von der Sucht klingt glaubwürdig.

Wir gehen in die Meetings und stellen uns offen der Gemeinschaft zur Verfügung. Wir geben bereitwillig und dankbar unsere Zeit, unseren Dienst und das, was wir hier gefunden haben. Der Dienst, von dem wir in Narcotics Anonymous sprechen, ist die Hauptaufgabe unserer Gruppen. Zu dienen bedeutet, die Botschaft an Süchtige weiterzugeben, die noch leiden. Je eifriger wir dies angehen und daran arbeiten, desto reicher wird unser spirituelles Erwachen sein.

Der erste Weg, auf welchem wir die Botschaft weitergeben, spricht für sich selbst. Leute sehen uns auf der Straße und erinnern sich an uns, als wir noch unaufrichtige, angstvolle, einzelgängerische Menschen waren. Sie sehen, daß die Angst aus unseren Gesichtern schwindet und wir allmählich zum Leben zurückkehren.

Wenn wir einmal den NA-Weg gefunden haben, haben Langeweile und Selbstgefälligkeit keinen Platz mehr in unserem neuen Leben. Indem wir clean bleiben, fangen wir an, spirituelle Prinzipien wie Hoffnung, Kapitulation, Annahme, Ehrlichkeit, Offenheit, Bereitschaft, Glaube, Vertrauen, Toleranz, Geduld, Demut, bedingungslose Liebe, Teilen und Fürsorge zu praktizieren. Im Verlauf unserer fortschreitenden Genesung berühren spirituelle Prinzipien alle Bereiche unseres Lebens, da wir einfach versuchen, dieses Programm im Hier und Jetzt zu leben.

Wenn wir anfangen zu lernen, nach den Prinzipien der Genesung zu leben, finden wir Freude. Wir meinen die Freude, die wir dabei empfinden, wenn eine Person mit zwei Tagen clean zu einer Person mit einem Tag clean sagt: »Ein Süchtiger oder eine Süchtige allein ist in schlechter Gesellschaft.« Wir meinen die Freude, die wir dabei empfinden, wenn wir Süchtige sehen, die, während sie anderen Süchtigen helfen, clean zu bleiben, darum ringen, die richtigen Worte zu finden, um die Botschaft der Genesung weitergeben zu können.

Wir stellen fest, daß unser Leben sich lohnt. Spirituell erneuert sind wir glücklich, am Leben zu sein. Als wir Drogen nahmen, wurde unser Leben zu einem Überlebenstraining. Jetzt leben wir mehr, als daß wir überleben. Indem wir erkennen, daß clean zu bleiben das Wichtigste ist, können wir uns am Leben freuen. Es gefällt uns, clean zu sein, und es bereitet uns Freude, die Botschaft der Genesung an Süchtige, die noch leiden, weiterzugeben. In Meetings zu gehen funktioniert wirklich.

Das Anwenden der spirituellen Prinzipien in unserem täglichen Leben führt uns zu einem neuen Bild von uns selbst. Ehrlichkeit, Demut und Offenheit helfen uns, unsere Mitmenschen fair zu behandeln. Unsere Entscheidungen werden durch Toleranz gemäßigt. Wir lernen, uns selbst zu respektieren.

Die Lektionen, die wir in unserer Genesung lernen, sind zuweilen bitter und schmerzhaft. Indem wir anderen helfen, erhalten wir zur Belohnung Selbstachtung, weil wir in der Lage sind, diese Lektionen mit anderen Mitgliedern von Narcotics Anonymous zu teilen. Wir können andere Süchtige nicht vor Schmerzen bewahren, aber wir können die Botschaft der Hoffnung weitergeben, die uns durch andere Süchtige in Genesung gegeben wurde. Wir teilen die Prinzipien der Genesung so, wie sie in unserem Leben funktioniert haben. Gott hilft uns, während wir uns gegenseitig helfen. Das Leben erhält einen neuen Sinn, eine neue Freude und eine Qualität des Seins und Fühlens, die sich lohnt. Wir werden spirituell erneuert und sind froh, am Leben zu sein. Ein Aspekt unseres spirituellen Erwachens kommt von dem neuen Verständnis unserer Höheren Macht, das wir entwickeln, indem wir an der Genesung anderer Süchtiger teilhaben.

Ja, wir sind eine Vision von Hoffnung. Wir sind Beispiele dafür, daß das Programm funktioniert. Die Freude, die wir am cleanen Leben haben, ist eine Anziehung für Süchtige, die noch leiden.

Wir genesen, um clean und glücklich zu leben. Willkommen bei NA. Die Schritte hören hier nicht auf. Die Schritte sind ein neuer Anfang!

Selbstannahme

Das Problem

Der Mangel an Selbstannahme ist ein Problem für viele genesende Süchtige. Dieser subtile Mangel ist schwer zu identifizieren und wird oft nicht erkannt. Viele von uns glaubten, das Nehmen von Drogen sei unser einziges Problem und leugneten die Tatsache, daß unser Leben nicht mehr zu meistern war. Auch nachdem wir aufgehört haben, Drogen zu nehmen, kann uns diese Leugnung weiter plagen. Viele der Probleme, auf die wir auf dem Weg der Genesung stoßen, kommen von einer Unfähigkeit, uns selbst tief innen anzunehmen. Möglicherweise erkennen wir nicht einmal, daß dieses Unbehagen die Ursache unseres Problems ist, da sich dieses auf andere Art und Weise zeigt. So können wir etwa reizbar oder bewertend, unzufrieden, deprimiert oder verwirrt werden. Vielleicht versuchen wir auch, unsere Umgebung zu verändern, in dem Bestreben, das innere Nagen zu stillen. Unsere Erfahrung in solchen Situationen hat gezeigt, daß es am besten ist, die Ursache unserer Unzufriedenheit in uns selbst zu suchen. Sehr häufig entdecken wir, daß wir uns selbst harsch kritisieren und in Selbstverachtung und Selbstablehnung schwelgen.

Bevor wir zu NA kamen, verbrachten die meisten von uns ihr gesamtes Leben damit, sich selbst abzulehnen. Wir haßten uns und versuchten auf jede mögliche Art und Weise, jemand anderes zu werden. Wir wollten alles sein, nur nicht das, was wir waren. Unfähig, uns selbst anzunehmen, versuchten wir, die Anerkennung anderer zu gewinnen. Wir wollten, daß uns andere Menschen die Liebe und Anerkennung geben sollten, die wir uns selbst nicht geben konnten. Aber unsere Liebe und Freundschaft waren jedoch immer an Bedingungen geknüpft. Wir taten für andere Menschen alles nur Erdenkliche, nur um ihre Annahme und Anerkennung zu gewinnen, um dann Groll gegen jene zu hegen, die nicht in der von uns gewünschten Art und Weise reagierten.

Weil wir uns selbst nicht annehmen konnten, erwarteten wir, von anderen abgelehnt zu werden. Und wir ließen niemand zu nahe an uns herankommen aus Angst, wenn sie uns wirklich kennen würden, würden sie uns auch hassen. Um uns vor Verletzlichkeit zu schützen, lehnten wir andere ab, bevor sie eine Möglichkeit hatten, uns abzulehnen.

Die Zwölf Schritte sind die Lösung

Heute besteht der erste Schritt zur Selbstannahme darin, unsere Sucht anzunehmen. Wir müssen unsere Krankheit annehmen und all die Schwierigkeiten, die sie mit sich bringt, bevor wir uns als Menschen akzeptieren können.

Als nächsten Schritt, der uns in Richtung Selbstannahme weiterhilft, benötigen wir den Glauben an eine Macht, größer als wir selbst, die unsere geistige Gesundheit wiederherstellen kann. Wir brauchen nicht an ein Konzept von einer Höheren Macht zu glauben, wie es eine bestimmte Person hat, sondern an ein Konzept, das für uns funktioniert. Ein spirituelles Verständnis der Selbstannahme ist das Wissen, daß es in Ordnung ist, wenn wir Schmerz erleben, daß wir Fehler gemacht haben und daß wir nicht vollkommen sind.

Das wirksamste Mittel, Selbstannahme zu erreichen, ist, die Zwölf Schritte der Genesung anzuwenden. Jetzt, wo wir zum Glauben an eine Macht, größer als wir selbst, gekommen sind, können wir uns auf Ihre Stärke verlassen, um den Mut zu fassen, unsere Mängel und Vorzüge ehrlich zu prüfen. Obwohl es manchmal schmerzhaft ist und nicht zur Selbstannahme zu führen scheint, ist es notwendig, in Kontakt mit unseren Gefühlen zu kommen. Unser Ziel ist es, eine solide Grundlage für die Genesung aufzubauen, und dafür müssen wir unsere Handlungen und Beweggründe prüfen und anfangen, die nicht akzeptablen Dinge zu ändern.

Unsere Fehler sind ein Teil von uns und werden nur beseitigt, wenn wir das NA-Programm leben. Unsere Stärken sind Geschenke unserer Höheren Macht, und wenn wir lernen, sie voll zu nutzen, wächst unsere Selbstannahme, und unser Leben wird besser.

Manchmal geraten wir in das Melodrama zu wünschen, wir könnten so sein, wie wir nach unseren Vorstellungen sein sollten. Vielleicht fühlen wir uns überwältigt von Selbstmitleid und Stolz; erneuern wir jedoch unseren Glauben an eine Höhere Macht, so wird uns die Hoffnung, der Mut und die Kraft gegeben, um weiter zu wachsen.

Selbstannahme erlaubt ein Gleichgewicht in unserer Genesung. Wir müssen nicht mehr nach der Bestätigung anderer suchen, weil wir zufrieden sind, wir selbst zu sein. Wir haben die Freiheit, dankbar unsere Stärken hervorzuheben, uns demütig von unseren Fehlern zu entfernen und zu den besten genesenden Süchtigen zu werden, die wir sein können. Uns selbst anzunehmen, wie wir sind, bedeutet, daß wir in Ordnung sind, daß wir nicht vollkommen sind, aber besser werden können. Wir denken daran, daß wir die Krankheit Sucht haben und daß es lange Zeit dauert, bis wir uns auf einer tiefen Ebene selbst annehmen können. Wie schlimm unser Leben auch immer geworden sein mag, in der Gemeinschaft von Narcotics Anonymous werden wir immer angenommen.

Indem wir uns annehmen wie wir sind, hören wir auf, menschliche Vollkommenheit zu erwarten. Wenn wir uns selbst annehmen, können wir wahrscheinlich zum ersten Mal in unserem Leben bedingungslos annehmen. Unsere Freundschaften werden tief, und wir erfahren die Wärme und die Fürsorge, die von Süchtigen ausgeht, die Genesung und ein neues Leben teilen.

**Gott, gebe mir die Gelassenheit,
die Dinge hinzunehmen,
die ich nicht ändern kann,
den Mut die Dinge zu ändern,
die ich ändern kann, und die Weisheit,
das eine vom anderen
zu unterscheiden.**

Sponsorschaft, überarbeitete Ausgabe

Bereits in unseren ersten Meetings hören wir den Vorschlag, uns eine Sponsorin oder einen Sponsor zu suchen. Wenn wir neu sind, verstehen wir vielleicht nicht, was das bedeutet. Was ist eine Sponsorin? Wie oder wo finden wir eine? Was ist ein Sponsor? Wie nutzen wir ihn? Dieses Faltblatt soll eine kurze Einführung zur Sponsorschaft geben.

Im Basic Text steht »Wenn zwei Süchtige ihre Genesung teilen, dann schlägt das Herz von NA« und Sponsorschaft bedeutet genau dies: Süchtige helfen sich gegenseitig. Sponsorschaft ist eine liebevolle und spirituelle Beziehung, die auf Mitgefühl und Gegenseitigkeit beruht. Sie hilft sowohl dem Sponsor oder der Sponsorin als auch dem Sponsee.

WAS ist ein Sponsor oder eine Sponsorin?

Sponsorschaft ist eine persönliche und vertrauliche Beziehung, die für jedes Mitglied etwas anderes bedeuten kann. Ein Sponsor oder eine Sponsorin im Sinne dieses Faltblattes ist ein Mitglied von Narcotics Anonymous, das unser Programm der Genesung lebt und bereit ist, eine unterstützende, persönliche Beziehung zu uns aufzubauen. In erster Linie ist es für die meisten eine Person, die ihnen helfen kann, die Zwölf Schritte zu arbeiten, und manchmal auch die Zwölf Traditionen und die Zwölf Konzepte. Ein Sponsor muss nicht unbedingt ein Freund sein, aber es kann jemand sein, dem wir vertrauen. Wir können unserer Sponsorin oder unserem Sponsor Dinge anvertrauen, die wir lieber nicht im Meeting teilen möchten.

> »Die Beziehung zu meinem Sponsor war der Schlüssel dazu, Vertrauen zu anderen Menschen zu gewinnen und die Schritte zu

arbeiten. Ich erzählte meinem Sponsor von dem totalen Chaos in meinem Leben und er sagte mir, dass es bei ihm genauso gewesen sei. Er fing an mir zu zeigen, wie ich ohne Drogen leben kann.«

WAS tut ein Sponsor oder eine Sponsorin?

Als Sponsorinnen und Sponsoren teilen wir unsere Erfahrung, Kraft und Hoffnung mit unseren Sponsees. Manche beschreiben ihren Sponsor oder ihre Sponsorin als liebevoll und mitfühlend, als einen Menschen, bei dem sie sich darauf verlassen können, dass er zuhört und ihnen beisteht, egal was ist. Andere schätzen die Objektivität und Unvoreingenommenheit ihrer Sponsorin und ihre direkten und ehrlichen Beiträge, auch wenn sie manchmal schwer anzunehmen sind. Wieder andere wenden sich an einen Sponsor, damit er sie durch die Zwölf Schritte führt.

»Ein Süchtiger fragte: »Und wozu brauche ich einen Sponsor?« Der Sponsor antwortete: »Na ja, es ist verdammt schwer Selbsttäuschung zu erkennen, wenn man auf sich selbst gestellt ist.««

Sponsorschaft funktioniert aus demselben Grund aus dem NA funktioniert – weil genesende Mitglieder durch die gemeinsame Erfahrung der Sucht und Genesung verbunden sind und sich deshalb vielfach miteinander identifizieren können. Sponsoren sind keine Rechtsberater, Geldgeber, Eltern, Eheberater oder Sozialarbeiter. Eine Sponsorin ist auch keine Therapeutin, die professionelle Hilfe anbietet. Sponsoren oder Sponorinnen sind ganz einfach andere Süchtige in Genesung, die bereit sind, ihren Weg durch die Zwölf Schritte mit uns zu teilen.

Wenn wir unsere Sorgen und Fragen mit unseren Sponsoren teilen, dann teilen sie manchmal auch ihre eigenen Erfahrungen mit uns. Vielleicht schlagen sie uns auch vor, etwas zu lesen oder zu schreiben, oder versuchen, unsere Fragen zum Programm zu beantworten. Wenn wir neu bei NA sind, kann eine Sponsorin uns helfen, Dinge im Programm zu verstehen, die uns vielleicht verwirren: die NA-Sprache, unterschiedliche Meetingsformate, die Servicestruktur, oder auch die Bedeutung der Prinzipien von NA und was man unter einem spirituellen Erwachen versteht.

WAS tut ein Sponsee?

Wir schlagen vor, regelmäßigen Kontakt mit dem Sponsor oder der Sponsorin zu halten. Wir können unseren Sponsor anrufen oder im Meeting treffen. Manche Sponsoren sagen uns, wie oft wir sie anrufen sollen, während andere so etwas nicht verlangen. Wenn wir keinen Sponsor in unserer Nähe finden können, dann können wir andere Möglichkeiten, wie Internet, Email oder Post nutzen, um in Kontakt zu bleiben. Egal wie wir in Verbindung treten: es ist wichtig, dass wir ehrlich sind und mit Aufgeschlossenheit zuhören.

> »Meine Sponsorin gibt mir eine allgemeine Richtung vor und verhilft mir zu einer neuen Sichtweise. Auf jeden Fall ist sie ein wichtiger

> Resonanzboden für mich. Manchmal hilft es schon, etwas gegenüber einem anderen Menschen laut auszusprechen, dass ich die Dinge anders sehen kann.«

Vielleicht befürchten wir, dass wir eine Belastung für unsere Sponsorinnen sind und zögern sie anzurufen, oder wir glauben, dass sie womöglich eine Gegenleistung erwarten. Aber in Wahrheit ziehen sie genauso viel Nutzen aus der Beziehung wie wir. In unserem Programm glauben wir, dass wir nur bewahren können was wir haben, indem wir es weitergeben. So helfen auch wir unseren Sponsoren dabei, clean zu bleiben und zu genesen.

WIE finden wir einen Sponsor oder eine Sponsorin?

Einen Sponsor oder eine Sponsorin bekommt man indem man fragt. Das klingt einfach, ist aber nicht unbedingt leicht. Viele von uns haben Angst, jemanden um Sponsorschaft zu bitten. In der aktiven Sucht haben wir wahrscheinlich gelernt, keinem Menschen zu vertrauen. Daher mag es sich fremd und beängstigend anfühlen, jemanden zu bitten, uns zuzuhören und zu helfen. Nichts desto trotz beschreiben die meisten NA-Mitglieder Sponsorschaft als wesentlichen Teil ihrer Genesung. Es kann passieren, dass wir all unseren Mut zusammennehmen und dann ein Nein als Antwort bekommen. Dann ist es wichtig, dass wir beharrlich bleiben, Vertrauen haben und versuchen, diese Entscheidung nicht persönlich zu nehmen. Der Grund warum jemand ablehnt, hat vermutlich mit uns nichts zu tun: vielleicht haben sie einfach sehr viel zu tun, haben schon viele Sponsees oder machen gerade eine schwere Zeit durch. Wir müssen erneut Vertrauen fassen und jemand anderen fragen.

> »Als ich mir meinen Sponsor aussuchte, war es für mich wie ein Bewerbungsgespräch. Passen wir zusammen? Was sind deine Erwartungen und was sind meine? Ich suchte nach jemandem, der aufgeschlossen ist, mit dem ich gut reden konnte und mich wohl fühlte.«

Der beste Ort, nach einem Sponsor oder einer Sponsorin zu suchen, ist ein NA-Meeting. Auch andere NA-Veranstaltungen wie Arbeitsmeetings und Conventions eignen sich dafür. Bei der Sponsorsuche halten die meisten Mitglieder Ausschau nach einem Menschen, bei dem sie das Gefühl haben, dass ihr Vertrauen zu ihm wachsen wird, einem Menschen, der mitfühlend zu sein scheint und aktiv im Programm ist. Die meisten Mitglieder, besonders die neuen, finden es wichtig, dass ihr Sponsor oder ihre Sponsorin länger clean ist als sie selbst.

Eine gute Faustregel ist, nach jemandem mit ähnlichen Erfahrungen zu suchen, einem Menschen, der unsere Kämpfe und Erfolge nachempfinden kann. Für die meisten ist es einfacher, sich mit einem Sponsor des gleichen Geschlechts zu identifizieren und hilft ihnen, sich in der Beziehung sicher zu fühlen. Manche halten das Geschlecht nicht für einen ausschlaggebenden Faktor. Wir können uns unsere Sponsorin selbst aussuchen. Wir empfehlen jedoch Sponsorbeziehungen zu vermeiden, bei denen sexuelle Anziehung eine Rolle spielt. Solche Anziehung kann uns vom Sinn der Sponsorschaft ablenken und ehrlichen Gesprächen miteinander im Wege stehen.

> »Als ich clean wurde, war ich unsicher und einsam und hätte für ein bisschen Trost und Gesellschaft alles getan. Natürlich neigte ich erst einmal dazu, diese Sehnsüchte zu befriedigen, und nicht, mich darauf zu konzentrieren, eine gute Basis für meine Genesung aufzubauen. Ich danke Gott für die NA-Mitglieder, die mich in dieser Anfangszeit der Genesung unterstützt haben, anstatt mich auszunutzen.«

Manche Mitglieder fragen sich, ob es gut wäre, mehr als eine Sponsorin zu haben. Während mache Süchtige diesen Weg wählen, raten die meisten davon ab. Mehr als ein Sponsor könnte uns in Versuchung führen zu manipulieren, damit wir genau die Antworten oder Anleitungen bekommen, die wir hören wollen.

WANN sollten wir uns einen Sponsor oder eine Sponsorin suchen?

Die meisten Mitglieder finden es wichtig, sich so schnell wie möglich einen Sponsor oder eine Sponsorin zu nehmen. Andere finden es entscheidend, sich etwas Zeit zu lassen, sich umzuschauen und eine wohl überlegte Entscheidung zu treffen. In viele Meetings zu gehen hilft uns herauszufinden, mit wem wir uns wohlfühlen und zu wem wir Vertrauen aufbauen können. Wir sind nicht verpflichtet ja zu sagen, wenn sich jemand anbietet, während wir noch auf der Suche sind. Auch dies ist wichtig: wenn wir früh in unserer Genesung jemanden finden, dann können wir uns jederzeit jemand Neues suchen, wenn wir merken, dass er oder sie unseren Bedürfnissen nicht gerecht wird.

> »Ich verglich die Zeit, bis ich eine Sponsorin fand, mit dem Ertrinken. Ich brauchte diese Lebensretterin / Sponsorin sofort!«

Wenn wir neu im Programm sind, müssen wir auf andere Süchtige zugehen und um Hilfe und Unterstützung bitten. Es ist nie zu früh, sich Telefonnummern geben zu lassen und sie zu benutzen, oder mit anderen genesenden Süchtigen zu teilen. Unser Programm funktioniert durch die Hilfe, die wir uns gegenseitig geben können. Wir müssen nicht mehr in Isolation leben und fangen an, uns als Teil von etwas Größerem als wir selbst zu fühlen. Sponsorschaft hilft uns, sich in NA endlich zu Hause zu fühlen.

Vielleicht hast du noch Fragen zur Sponsorschaft, die dieses Faltblatt nicht beantwortet hat. Auf manche Fragen gibt es keine »richtige« oder »falsche« Antwort die Erfahrung unserer Gemeinschaft variiert von Region zu Region und von Mitglied zu Mitglied – es gibt aber ein Buch über Sponsorschaft*, das viele Themen zur Sponsorschaft noch ausführlicher behandelt.

---

* nur auf Englisch erhältli

Eine persönliche Erfahrung mit Annahme, Glauben und Verpflichtung

Als ich in das NA-Programm kam, hatte ich mein Problem erkannt – ich wollte aufhören, Drogen zu nehmen, wußte aber nicht wie. Gemäß der Natur der Sucht, war meine Persönlichkeit darauf ausgerichtet, Drogen zu beschaffen, zu nehmen und Mittel und Wege zu finden, mehr zu bekommen. Alle meine Charakterzüge verstärkten diese Selbstbesessenheit. In meiner totalen Ichbezogenheit versuchte ich, mein Leben zu meistern, indem ich Menschen und Gegebenheiten zu meinem Vorteil manipulierte. Ich hatte jede Kontrolle verloren. Die Besessenheit zwang mich wiederholt, gegen meinen Willen Drogen zu nehmen, obwohl ich wußte, daß es selbstzerstörerisch und gegen meinen Überlebenstrieb gerichtet war. Wahnsinnig und hoffnungslos hilflos wie ich war, gab ich den Kampf auf und akzeptierte, daß ich süchtig und mein Leben völlig unkontrollierbar war und daß ich keine Macht über die Krankheit hatte. Meine Willenskraft konnte meinem kranken Körper nicht helfen, der zwanghaft nach Drogen verlangte. Meine Selbstkontrolle konnte meinem kranken Verstand nicht helfen, der von der Idee besessen war, Stimmungsveränderer zu benutzen, um der Realität zu entfliehen. Ebenso wenig konnten meine höchsten Ideale meinem kranken, listigen, heimtückischen und völlig egozentrischen Geist helfen. Sobald ich fähig war, die Tatsache meiner Machtlosigkeit anzunehmen, brauchte ich keine Drogen mehr zu nehmen. Dieses Annehmen meiner Lage – meiner Machtlosigkeit über die Sucht und die Unkontrollierbarkeit meines Lebens – war der Schlüssel zu meiner Genesung.

Mit Hilfe der genesenden Süchtigen in den NA-Meetings nahm ich keine Drogen – für eine Minute, eine Stunde, einen Tag. Ich wollte immer noch high werden. Das

Leben erschien unerträglich ohne Drogen. Das Aufhören machte mich nur noch hoffnungsloser als vorher, und um damit fertig zu werden, sagte mir mein Verstand, daß ich wieder Drogen nehmen solle. Das Annehmen meiner Machtlosigkeit und der Unkontrollierbarkeit meines Lebens brachten mich dazu, daß ich eine stärkere Macht als meine Krankheit brauchte, um mein selbstzerstörerisches Wesen zu ändern. Die Leute, die ich in NA-Meetings traf, erzählten mir, daß sie im NA-Programm eine Macht, größer als ihre Sucht, gefunden hätten. Diese Leute waren schon Monate und Jahre clean und wollten nicht einmal mehr Drogen nehmen. Sie sagten mir, daß ich das Verlangen, Drogen zu nehmen verlieren könne, in dem ich nach dem NA-Programm lebe. Ich hatte keine andere Wahl, als ihnen zu glauben. Was immer ich versuchte, Ärzte, Psychiater, Krankenhäuser, Psychiatrien, Arbeitsplatzwechsel, Heiraten, Scheidungen; alles hatte versagt. Es schien hoffnungslos, aber in NA sah ich Hoffnung. Ich traf von ihrer Krankheit genesende Süchtige. Ich kam zu dem Glauben, daß es für mich möglich ist zu lernen, wie ich ohne Drogen leben kann. In NA fand ich das Vertrauen, das ich brauchte, um mit den Veränderungen zu beginnen.

Zu diesem Zeitpunkt hatte ich aufgehört, Drogen zu nehmen und glaubte widerwillig, daß ich auch weiterhin clean bleiben könne. Immer noch dachte und fühlte ich wie ein süchtiger Mensch, ich nahm halt nur keine Drogen mehr. Meine Persönlichkeit und mein Charakter waren so wie immer. Alles um mich herum verstärkte meine selbstzerstörerische Haltung. Ich mußte mich ändern, oder ich würde wieder beginnen, Drogen zu nehmen. Ich hatte meinen Zustand akzeptiert und glaubte, daß es möglich sei, zu genesen. Um dies zu können, mußte ich mich verbindlich den spirituellen Prinzipien des NA-Programms anvertrauen.

Mit Hilfe der Person, die mich sponsert entschloß ich mich, mein Leben und meinen Willen Gott zu übergeben, so wie ich

Gott verstehe. Für mich war das ein Wendepunkt. Diese Entscheidung fordert dauernde Annahme, einen stetig wachsenden Glauben und eine tägliche Verpflichtung zur Genesung. Die Entscheidung, mein Leben und meinen Willen Gott zu übergeben, erforderte, daß ich mich selbst kennenlernte und aktiv versuchte, meine Art mit der Realität umzugehen, zu ändern. Diese Verpflichtung brachte Ehrlichkeit in mein Leben. So funktioniert das NA-Programm für mich: ich akzeptiere meine Krankheit, entwickle den Glauben, daß das Programm mich ändern kann und vertraue mich den spirituellen Prinzipien der Genesung an.

Jetzt ist Handeln erforderlich. Wenn ich mich nicht ändere, wird es mir elend gehen, und ich werde wieder zu den Drogen zurückkehren. Nach den Empfehlungen des Programms zu handeln, kann meine Persönlichkeit und meinen Charakter ändern. Ich überprüfe mich ganz ehrlich, schreibe auf, was ich getan und wie ich mich gefühlt habe. Ich öffne mich vollständig gegenüber meinem Gott und einem anderen Menschen und nenne meine geheimsten Ängste, Ärger und meinen Groll. Indem ich das tue, verliert die Vergangenheit ihre Macht über mein Leben, und ich bin frei, heute gemäß meinen Idealen zu leben. Ich beginne, mich anders zu verhalten und werde bereit, von meinem Gott zu der Person geändert zu werden, die ich gemäß seinem Willen sein soll.

Indem ich darum bitte, daß meine Fehler von mir genommen werden, habe ich angefangen, ein angemessenes Selbstbild zu entwickeln, das in der Realität verankert ist. Dadurch, daß ich Unrecht, das ich anderen zugefügt habe, wiedergutmache, habe ich gelernt, mir selbst und anderen zu vergeben.

Ich überprüfe mein Verhalten regelmäßig und korrigiere Fehler so früh wie möglich. Ich entwickle und erweitere fortwährend Vertrauen und Glauben in spirituelle Prinzipien. Ich gebe anderen, indem ich mich selbst mitteile und das

Programm weitergebe und versuche, nach den Prinzipien zu leben, die ich gelernt habe.

Diese Zwölf Schritte haben mir dazu verholfen, ständig mit dem Drogennehmen aufzuhören. Sie haben mir das Verlangen Drogen zu nehmen genommen, und sie haben mir eine neue Lebensweise gegeben.

Nur für heute

Sage Dir selbst:

Nur für heute werden meine Gedanken bei der Genesung sein, beim Leben und bei der Freude am Leben ohne Drogen.

Nur für heute werde ich einem Mitglied von NA vertrauen, das an mich glaubt und mir in meiner Genesung helfen will.

Nur für heute werde ich ein Programm haben. Ich werde versuchen, ihm so gut wie möglich zu folgen.

Nur für heute werde ich durch NA versuchen, ein besseres Verhältnis zu meinem Leben zu gewinnen.

Nur für heute werde ich nicht ängstlich sein, meine Gedanken werden bei meinen neuen Bekannten sein, bei Leuten, die keine Drogen nehmen und die einen neuen Lebensweg gefunden haben. Solange ich diesem Weg folge, brauche ich nichts zu befürchten.

Als wir zum Programm von Narcotics Anonymous kamen, entschieden wir uns, unser Leben der Fürsorge einer Höheren Macht zu übergeben. Diese Übergabe befreit uns von der Last der Vergangenheit und der Angst vor der Zukunft. Das Geschenk des Heute ist nun in einer richtigen Perspektive. Wir nehmen das Leben so an, wie es jetzt ist und freuen uns daran. Wenn wir uns weigern, die Wirklichkeit des Heute anzunehmen, verleugnen wir das Vertrauen in unsere Höhere Macht. Das kann uns nur noch mehr Leiden bringen.

Wir lernen, daß das Heute ein Geschenk ohne Garantie ist. Mit diesen Gedanken im Kopf werden Vergangenheit und Zukunft unwichtig und die Bedeutsamkeit unseres heutigen Handelns wird Wirklichkeit. Das vereinfacht unser Leben.

Wenn wir unsere Gedanken auf das Heute richten, schwindet der Alptraum der Drogen, in dem Licht einer neuen Wirklichkeit. Wir haben entdeckt, daß, wenn wir Schwierigkeiten haben, wir unsere Gefühle anderen genesenden Süchtigen anvertrauen können. Indem wir unsere Vergangenheit mit anderen Süchtigen teilen, entdecken wir, daß wir nicht einzigartig sind, sondern Gemeinsamkeiten haben. Mit anderen NA-Freundinnen und Freunden zu reden ist eine Art, wie unsere Höhere Macht durch uns arbeitet; ob wir nun von unseren täglichen Prüfungen und Schwierigkeiten erzählen, oder es ihnen ermöglichen, mit uns zu teilen.

Wir brauchen keine Angst zu haben, wenn wir heute clean bleiben und unserer Höheren Macht und unseren NA-Freundinnen und -Freunden nahe sind. Gott hat uns unsere Fehler der Vergangenheit vergeben und das Morgen ist noch nicht da. Meditation und eine persönliche Inventur werden uns helfen, Gelassenheit und Führung für den heutigen Tag zu erlangen. Wir nehmen einige Augenblicke Abstand von unserem Alltag, um Gott – wie wir ihn verstehen – zu danken, daß er uns die Fähigkeit gibt, dem Heute gewachsen zu sein.

»Nur für heute« bezieht sich auf alle Lebensbereiche, nicht nur auf die Abstinenz von Drogen. Mit der Wirklichkeit müssen wir uns täglich auseinandersetzen. Viele von uns glauben, daß Gott nicht mehr von uns erwartet, als daß wir die Dinge tun, die wir heute tun können.

Indem wir das Programm arbeiten, haben uns die Zwölf Schritte von NA eine neue Sichtweise unseres Lebens gegeben. Heute brauchen wir uns nicht mehr dafür zu entschuldigen, wer wir sind. Unser täglicher Kontakt mit einer Höheren Macht füllt unsere innere Leere, die vorher niemals ausgefüllt werden konnte. Wir finden darin Erfüllung, im Heute zu leben. Durch die Führung unserer Höheren Macht, verlieren wir den Wunsch Drogen zu nehmen. Heute ist nicht mehr Vollkommenheit unser Ziel, wir können Angemessenheit erreichen.

Es ist wichtig, sich zu erinnern, daß alle Süchtigen, die einen Tag clean bleiben können, ein Wunder sind. Um geistig gesund zu bleiben, gehen wir zu Meetings, arbeiten wir die Schritte, meditieren wir täglich und sprechen mit den Leuten im Programm. Verantwortungsvoll leben ist möglich.

Wir können Einsamkeit und Angst durch die Liebe zur NA-Gemeinschaft und durch die Sicherheit einer neuen Art zu leben, ersetzen. Wir müssen niemals wieder allein sein. In der NA-Gemeinschaft haben wir mehr wirkliche Freundinnen und Freunde gefunden, als wir es je für möglich hielten. Selbstmitleid und Groll haben Glauben und Toleranz Platz gemacht. Uns wurde die Freiheit, Gelassenheit und Freude gegeben, nach denen wir so verzweifelt gesucht hatten.

An einem Tag geschieht vieles, sowohl Positives als auch Negatives. Wenn wir uns nicht die Zeit nehmen, beides zu würdigen, verpassen wir vielleicht eine Gelegenheit zu wachsen. Unsere Lebensprinzipien werden uns zur Genesung führen, wenn wir sie gebrauchen. Wir halten es für notwendig, sie weiterhin täglich anzuwenden.

Draußen clean bleiben

Viele von uns hörten die Genesungsbotschaft von NA das erste Mal, als sie in einem Krankenhaus oder in irgendeiner Einrichtung waren. Der Übergang von solchen Orten in die Welt draußen ist unter keinen Umständen leicht. Das trifft insbesondere dann zu, wenn wir von den Veränderungen, die die Genesung mit sich bringt, herausgefordert werden. Für viele von uns war die erste Genesungszeit schwierig. Sich der Aussicht auf ein Leben ohne Drogen zu stellen, kann sehr große Angst machen. Doch jene von uns, die es durch diese ersten Tage geschafft haben, fanden ein Leben, das lebenswert ist. Dieses Faltblatt wird als eine Botschaft der Hoffnung für jene angeboten, die jetzt in einem Krankenhaus oder einer Einrichtung sind, damit auch Du genesen und frei leben kannst. Viele von uns waren da, wo Du heute bist. Wir haben andere Wege ausprobiert, und viele von uns wurden rückfällig; manche hatten niemals eine weitere Chance zu genesen. Wir haben dieses Faltblatt geschrieben, um mit Dir das zu teilen, von dem wir herausgefunden haben, daß es funktioniert.

Wenn Du in Meetings gehen kannst, während Du in einem Krankenhaus oder in einer Einrichtung bist, kannst du jetzt damit anfangen, gute Gewohnheiten zu entwickeln. Komme früh zu den Meetings und gehe spät. Fange so früh wie möglich an, Kontakte mit genesenden Süchtigen zu knüpfen. Falls NA-Mitglieder aus anderen Gruppen Dein Meeting besuchen, frage sie nach ihrer Telefonnummer und benutze sie. Es wird Dir anfangs komisch vorkommen, diese Telefonnummern zu benutzen – sogar albern. Aber unter der Voraussetzung, daß im Kern der Krankheit Sucht die Isolation ist, ist der erste Anruf ein riesiger Schritt nach vorn. Es ist nicht nötig, darauf zu warten, bis sich ein ernsthaftes Problem entwickelt, um jemanden von NA anzurufen. Die meisten

NA-Mitglieder sind mehr als bereit, auf jede ihnen mögliche Art zu helfen. Dies ist auch ein günstiger Zeitpunkt, ein Treffen mit einem NA-Mitglied auszumachen, Dich bei Deiner Entlassung zu treffen. Wenn Du schon einige Leute kennst, die Du nach Deiner Entlassung im Meeting treffen wirst, so wird Dir das helfen, Dich als Teil der NA-Gemeinschaft zu fühlen. Wir können es uns nicht leisten, entfremdet zu sein oder uns so zu fühlen.

Draußen clean bleiben bedeutet zu handeln. Wenn Du rauskommst, gehe am ersten Tag Deiner Entlassung in ein Meeting. Es ist wichtig, sich regelmäßige Meetingsbesuche zur Gewohnheit zu machen. Die Verwirrung und die Begeisterung darüber, »gerade entlassen zu sein«, hat einige von uns so benebelt, daß sie dachten, Urlaub von ihren Verantwortungen nehmen zu können, bevor sie die Angelegenheiten des täglichen Lebens in Angriff nehmen. Diese Art des Rationalisierens hat viele von uns zurück zum Drogennehmen geführt. Sucht ist eine Krankheit, die in ihrem Fortschreiten keine Pause einlegt. Wenn sie nicht aufgehalten wird, wird sie nur schlimmer. Was wir heute für unsere Genesung tun, garantiert uns nicht für morgen unsere Genesung. Es ist ein Fehler anzunehmen, daß der gute Vorsatz, nach einer Weile bei NA vorbeizuschauen, ausreicht. Wir müssen unsere Absicht durch Taten unterstützen, je früher, desto besser.

Wenn Du nach Deiner Entlassung in einer anderen Stadt wohnen wirst, frage die NA-Mitglieder nach einer Meetingliste und einer NA-Kontaktnummer in Deiner neuen Gegend. Sie werden Dir helfen können, mit NA-Gruppen und -Mitgliedern in der Gegend, in der Du leben wirst, in Kontakt zu kommen. Du kannst auch über folgende Adresse Informationen über Meetings auf der ganzen Welt erhalten:

World Service Office
PO Box 9999
Van Nuys, CA 91409
USA

Sponsorschaft ist ein lebenswichtiger Teil des Genesungsprogramms von NA. Sie ist einer der Hauptwege, auf denen die Neuankömmlinge Nutzen aus der Erfahrung der NA-Mitglieder ziehen können, die das Programm leben. Sponsorinnen und Sponsoren können aufrichtiges Interesse an unserem Wohlergehen und eine gemeinsame Erfahrung der Sucht mit solidem Wissen über Genesung in NA verbinden. Unsere Erfahrung ist, daß es am besten funktioniert, wenn wir uns einen Sponsor oder eine Sponsorin des eigenen Geschlechts suchen. Wähle sobald wie möglich einen Sponsor oder eine Sponsorin, sei es eine vorläufige Sponsorin oder ein vorläufiger Sponsor. Ein Sponsor oder eine Sponsorin helfen Dir bei Deiner Arbeit in den Zwölf Schritten und Zwölf Traditionen von Narcotics Anonymous. Eine Sponsorin oder ein Sponsor können Dich auch anderen NA-Mitgliedern vorstellen, Dich zu Meetings mitnehmen und Dir dabei helfen, Dich in Deiner Genesung wohler zu fühlen. Unser

Faltblatt, *Sponsorscha* enthält zusätzliche Informationen über dieses Thema.

Wenn wir von dem NA-Programm profitieren wollen, dann müssen wir die Zwölf Schritte arbeiten. Zusammen mit regelmäßigen Meetingsbesuchen sind die Schritte die Grundlage für unser Programm der Genesung von der Sucht. Wir haben festgestellt, daß die Arbeit in den Zwölf Schritten in ihrer Reihenfolge und ihr ständiges, erneutes Arbeiten uns davor bewahren, in die aktive Sucht und in das Elend, das sie mit sich bringt, zurückzufallen.

Es steht eine Vielfalt von NA-Genesungsliteratur zur Verfügung. Das kleine weiße Büchlein und unser Basic Text, *Narcotics Anonymous*, enthalten die Prinzipien der Genesung in unserer Gemeinschaft. Mach' Dich durch unsere Literatur mit dem Programm vertraut. Über Genesung zu lesen, ist ein sehr wichtiger Teil unseres Programms, insbesondere, wenn ein Meeting oder ein anderes NA-Mitglied vielleicht nicht verfügbar ist. Viele von uns haben die Erfahrung gemacht, daß die tägliche Lektüre von NA-Literatur uns geholfen hat, eine positive Einstellung aufrecht, und unseren Blick auf die Genesung gerichtet zu halten.

Wenn Du anfängst, zu Meetings zu gehen, engagiere Dich in den Gruppen, die Du besuchst. Aschenbecher ausleeren, den Raum herrichten helfen, Kaffeekochen, nach dem Meeting aufräumen helfen – all diese Dinge müssen getan werden, damit eine Gruppe funktionieren kann. Laß' die Leute wissen, daß Du bereit bist, mitzuhelfen und ein Teil Deiner Gruppe zu werden. Solche Verantwortungen zu übernehmen ist ein wichtiger Bestandteil in der Genesung und trägt dazu bei, den Gefühlen der Entfremdung, die in uns auftauchen können, entgegenzuwirken. Wenn der *Wunsch,* ins Meeting zu gehen, schwächer ist als die *Notwendigkeit*, dann können solche Verpflichtungen, so klein sie auch erscheinen mögen, uns dabei helfen sicherzustellen, an einem Meeting teilzunehmen.

Es ist niemals zu früh, ein Programm täglichen Handelns aufzustellen. Tägliches Handeln ist unser Weg, die Verantwortung für unsere Genesung zu übernehmen. Anstatt die erste Droge zu nehmen, tun wir folgendes:

- Nimm nichts, egal was passiert.
- Gehe zu einem NA-Meeting.
- Bitte Deine Höhere Macht, Dich für heute clean bleiben zu lassen.
- Rufe Deinen Sponsor oder Deine Sponsorin an.
- Lies NA-Literatur.
- Sprich mit anderen genesenden Süchtigen.
- Arbeite die Zwölf Schritte von Narcotics Anonymous.

Wir haben einige der Dinge angeführt, die Du tun kannst, um clean zu bleiben; wir sollten auch einige Dinge anführen, die Du vermeiden solltest. In NA-Meetings hören wir oft, daß wir unsere alte Art zu leben ändern müssen. Das bedeutet, daß wir keinerlei Drogen nehmen, egal was passiert! Wir haben auch herausgefunden, daß wir es uns nicht leisten können, in Kneipen und Bars herumzuhängen oder mit Leuten zu verkehren, die Drogen nehmen. Wenn wir uns gestatten, mit alten Bekannten oder an alten Orten zu verkehren, bereiten wir uns für den Rückfall vor. Wenn es um Sucht geht, sind wir machtlos. Diese Leute und Orte haben uns niemals zuvor geholfen, clean zu bleiben. Es wäre dumm zu denken, daß es jetzt anders wäre.

Für Süchtige gibt es keinen Ersatz für die Gemeinschaft derer, die sich aktiv für Genesung einsetzen. Es ist wichtig, daß wir uns eine Pause gönnen und der Genesung eine Chance geben. Es warten viele neue Freundinnen und Freunde auf uns bei Narcotics Anonymous, und eine neue Welt von Erfahrungen liegt vor uns.

Einige von uns mußten ihre Erwartungen von einer völlig anderen Welt korrigieren, als sie entlassen wurden. Narcotics Anonymous kann nicht auf wunderbare

Weise die Welt um uns herum verändern. NA bietet uns Hoffnung, Freiheit und einen Weg, anders in der Welt zu leben, indem wir uns selbst ändern. Wir mögen einige Situationen vorfinden, die nicht anders sind, als sie zuvor waren, doch durch das Programm von Narcotics Anonymous können wir die Art und Weise, wie wir darauf reagieren, ändern. Indem wir uns selbst ändern, ändert sich unser Leben.

Wir möchten Dich wissen lassen, daß Du in Narcotics Anonymous willkommen bist. NA hat Hunderttausenden von Süchtigen geholfen, clean zu leben, das Leben zu seinen Bedingungen zu leben und ein Leben aufzubauen, das wirklich lebenswert ist.

Genesung und Rückfall

Viele Leute glauben, Genesung bedeute einfach, keine Drogen mehr zu nehmen. Sie halten einen Rückfall für das Zeichen völligen Versagens, während langzeitige Abstinenz als vollkommener Erfolg gewertet wird. Wir, im Genesungsprogramm von Narcotics Anonymous, haben festgestellt, daß diese Vorstellung zu einfach ist. Nachdem jemand bereits eine Zeitlang zu unserer Gemeinschaft gehört hat, kann ein Rückfall die aufrüttelnde Erfahrung sein, die zu einer gründlicheren Anwendung des Programms führt. Ebenso konnten wir andere NA-Freunde und -Freundinnen beobachten, die zwar lange Zeit abstinent bleiben, deren Unehrlichkeit und Selbsttäuschung sie jedoch immer noch davon abhalten, sich der vollen Genesung und der Anerkennung innerhalb der Gesellschaft zu erfreuen. Vollständige und fortwährende Abstinenz in enger Verbindung und Identifizierung mit anderen in den NA-Gruppen, ist immer noch der fruchtbarste Boden für Wachstum.

Obwohl grundsätzlich alle Süchtigen einander ähneln, unterscheiden wir uns als einzelne in bezug auf den Grad der Krankheit und die Stufe der Genesung. Es kann vorkommen, daß durch einen Rückfall der Grundstein für vollkommene Freiheit gelegt wird. In anderen Fällen kann diese Freiheit nur durch unnachgiebiges und hartnäckiges Festhalten an der Abstinenz – komme was wolle – errungen werden, bis die Krise vorbei ist. Süchtige, die vielleicht auch nur für kurze Zeit fähig sind, den Drang oder das Verlangen nach Drogen zu überwinden und die Entscheidungsfreiheit über Zwangsgedanken und Handlungen gewonnen haben, sind an einem Wendepunkt angelangt. Dies kann der entscheidende Faktor in ihrer Genesung sein. Das Gefühl der wahren Unabhängigkeit und Freiheit liegt manchmal auf des Messers Schneide. Es reizt uns, den großen Schritt zu machen, und unser Leben wieder selbst in die Hand zu nehmen. Wir scheinen jedoch zu wissen, daß uns das, was wir haben, von einer Höheren Macht gegeben wurde, auf die wir uns verlassen, sowie vom Geben und Annehmen der Hilfe einfühlsamer Freundinnen und Freunde. Während unserer Genesung werden uns oft die alten Schreckgespenster verfolgen. Das Leben kann wieder sinnlos, eintönig und langweilig werden. Vielleicht werden wir der ständigen Übung unserer neuen Ideen überdrüssig und wir lassen in unseren neuen Tätigkeiten nach. Wir wissen jedoch, daß wir mit Sicherheit in unsere alten Verhaltensweisen zurückfallen werden, wenn wir unsere neu erworbenen Erkenntnisse nicht immer wieder anwenden. Solche Krisen sind oft Zeiten unseres größten Wachstums. Geist und Körper scheinen von all den Anstrengungen zu ermüden, aber die dynamischen Kräfte des Wandels oder einer wirklichen Umkehr können in unserem Innersten am

Arbeiten sein, um uns die Antworten zu geben, die unsere innere Motivation und unser Leben grundlegend ändern.

Genesung, wie sie durch unsere Zwölf Schritte erfahren werden kann, ist unser Ziel, nicht nur die bloße Abstinenz. Es bedarf einiger Anstrengung, um uns zu unserem Vorteil zu verändern, und da es unmöglich ist, jemandem, der sich neuen Ideen verschließt, diese zu vermitteln, müssen wir zunächst irgendeinen Einstieg finden. Da wir dies nur für uns selbst tun können, müssen wir zwei uns offenbar innewohnende Feinde erkennen: Apathie und Zaudern. Unser Widerstand gegen Veränderungen scheint instinktiv zu sein, und nur eine Art Bombenexplosion führt zu einer Änderung oder leitet einen Kurswechsel ein. Ein Rückfall – falls wir ihn überstehen – kann eine solche Sprengladung sein. Der Rückfall, und manchmal der darauffolgende Tod eines uns nahestehenden Menschen, kann uns wachrütteln und uns die Notwendigkeit energischen persönlichen Handelns drastisch vor Augen führen.

Persönliche Geschichten

Narcotics Anonymous ist seit 1953 sehr gewachsen. Die Leute, die diese Gemeinschaft gegründet haben, und für die wir eine tiefe und bleibende Zuneigung empfinden, haben uns viel über Sucht und Genesung beigebracht. Auf den folgenden Seiten erzählen wir Dir von den Anfängen der Gemeinschaft. Der erste Abschnitt wurde 1965 von einem unserer ersten Mitglieder geschrieben. Neuere Geschichten der Genesung von NA-Mitgliedern finden sich in unserem Buch Basic Text, Narcotics Anonymous.

Wir genesen

Unsere persönlichen Geschichten können sich in einzelnen Zügen unterscheiden, aber letztlich haben wir alle eines gemeinsam. Diese Gemeinsamkeit ist die Krankheit Sucht. Wir kennen die beiden Dinge, die wahre Sucht ausmachen, nur zu gut: Besessenheit und Zwang. Besessenheit – diese fixe Idee, die uns immer wieder zu unserer speziellen Droge oder einem Ersatz zurückbringt, um die Erleichterung und das Wohlbefinden, die wir einst gekannt hatten, wiederzuerlangen.

Zwang – haben wir erst einmal mit einem »Druck«, einer »Pille« oder einem »Glas« den Prozeß in Gang gesetzt, können wir nicht mehr durch unsere eigene Willenskraft aufhören. Wegen unserer Sensibilität gegenüber Drogen sind wir vollständig im Griff einer zerstörerischen Macht, die stärker ist als wir selbst.

Wenn wir schließlich am Ende dieses Weges feststellen, daß wir weder mit, noch ohne Drogen als Menschen funktionieren können, stehen wir alle vor demselben Dilemma. Was bleibt uns übrig? Es scheint diese Alternativen zu geben: wir können entweder, so gut es geht, bis zum bitteren Ende – Gefängnis, Anstalt oder Tod – weitermachen, oder wir finden einen neuen Lebensweg. Früher hatten nur sehr wenige Süchtige diese zweite Möglichkeit. Diejenigen, die heutzutage süchtig sind, haben es da besser. Zum ersten Mal in der gesamten Menschheitsgeschichte hat sich ein einfacher Weg im Leben vieler Süchtiger bewährt. Er ist für uns alle gangbar. Er ist ein einfaches geistiges – nicht religiöses – Programm, bekannt als Narcotics Anonymous.

Als meine Sucht mich vor ungefähr 15 Jahren* an den Punkt vollständiger Machtlosigkeit, Nutzlosigkeit und Kapitulation brachte, gab es kein NA. Ich fand AA, und in jener Gemeinschaft traf ich Süchtige, die auch erkannt hatten, daß dieses Programm die Antwort für ihr Problem ist. Jedoch wußten wir, daß viele noch den Weg der Desillusion, Selbsterniedrigung und des Todes weitergingen, weil sie sich nicht mit den Alkoholikern in AA identifizieren konnten. Sie identifizierten sich auf der Ebene der offensichtlichen Symptome und nicht auf der tieferen Ebene der Gefühle und Emotionen, wo Anteilnahme zur heilenden Therapie für alle süchtigen Menschen wird. Mit mehreren anderen Süchtigen und einigen Mitgliedern von AA, die großes Vertrauen in uns und das Programm hatten, gründeten wir im Juli 1953 das, was heute als Narcotics Ano-

---
* geschrieben 1965

nymous bekannt ist. Wir waren sicher, daß nun Süchtige von Anfang an soviel Identifikation vorfinden würden, wie sie brauchen, um sich selbst davon zu überzeugen, daß sie clean bleiben können – ganz einfach durch das Vorbild der anderen, die seit vielen Jahren auf dem Weg der Genesung sind.

Daß vor allen Dingen dies nötig war, hat sich in den seither vergangenen Jahren bewiesen. Diese wortlose Sprache des Erkennens, Glaubens und Vertrauens, die wir Anteilnahme nennen, schuf eine Atmosphäre, in der wir die Zeit empfinden, mit der Realität in Berührung kommen und spirituelle Werte erkennen konnten, die für viele von uns lange verlorengegangen waren. In unserem Programm der Genesung wachsen wir an Zahl und Stärke. Niemals zuvor war es so vielen cleanen Süchtigen möglich, sich in freier Selbstbestimmung und Gemeinschaft zu treffen wo sie wollen, um in vollkommener kreativer Freiheit ihre Genesung zu bewahren.

Selbst Süchtige sagten, es sei nicht möglich, es so zu verwirklichen, wie wir es geplant hatten. Wir glaubten an offen bekanntgegebene Meetings – kein Verstecken mehr, wie es andere Gruppen versucht hatten. Wir glaubten, daß wir uns hierin von allen anderen Methoden unterschieden, die vorher versucht worden waren und eine langzeitige Absonderung aus der Gesellschaft befürworteten. Wir meinten, je eher die Süchtigen sich im täglichen Leben ihrem Problem stellten, desto eher würden sie wirklich produktive Bürger werden. Wir müssen ohnehin irgendwann einmal auf unseren eigenen Füßen stehen und uns mit dem Leben zu seinen Bedingungen auseinandersetzen, warum also nicht gleich von Anfang an.

Natürlich haben deshalb viele einen Rückfall erlitten, und viele waren vollkommen verloren. Viele jedoch blieben dabei, und einige kamen nach ihrem Rückfall zurück. Die positive Seite dieser Tatsache jedoch ist, daß von denjenigen, die jetzt unsere Mitglieder sind, viele schon lange vollkommen abstinent leben und besser fähig sind, Neuankömmlingen zu helfen. Ihre Einstellung, die auf den spirituellen Werten unserer Schritte und Traditionen beruht, ist die dynamische Kraft, die Wachstum und Einigkeit in unser Programm bringt. Wir wissen heute, daß die alte Unwahrheit »Einmal süchtig, immer süchtig« nun nicht mehr länger toleriert wird, weder von der Gesellschaft noch von den Süchtigen selbst. Wir genesen.

Telefonnummern: